amore mio

Sebastian Maletzke
Jessica Kießling

# PIZZA
*amore mio*

DEIN WEG ZUR PERFEKTEN PIZZA!

EMF
EIN BUCH DER
EDITION MICHAEL FISCHER

# INHALT



## GRUNDLAGEN



## PIZZATEIGE & SAUCEN



## KLASSIKER & LIEBLINGSPIZZEN

## PIZZA BIANCA



## REZEPTE ANDERER PIZZAIOLI

## VORSPEISEN & SÜSSE PIZZEN

### LEGENDE

EINFACH 

MITTEL 

SCHWIERIG 

# WALDIS WEG ZUR PERFEKTEN PIZZA

Pizzabacken, ein Hobby, das zu meiner Leidenschaft wurde. Auf der Terrasse meines Elternhauses habe ich 2013 begonnen, die italienischen Pizzabäcker nachzuahmen. Die ersten Versuche im eigenen Holzbackofen endeten nicht so gut – aber es sollte doch zu schaffen sein, einen Teigfladen mit nur wenigen Zutaten selbst zu Hause zu backen! Ich habe mich also auf die Suche nach dem perfekten italienischen Pizzarezept gemacht und versucht, eine so leckere Pizza bei mir zu Hause im Holzbackofen zu backen, wie ich sie aus Italien kannte. Dafür bin ich einige Male nach Italien gereist, habe den Pizzabäckern über die Schulter geschaut, viel gegessen, recherchiert und mich über Teigrezepte und Zutaten informiert. Videos über die Herstellung von speziellem Pizzateig, verschiedenen Pizzen oder Herangehensweisen gab es zu dieser Zeit kaum.

Über die letzten Jahre habe ich viele kleine Feste mit Familie und Freund*innen veranstaltet und von vielen Testesser*innen profitiert. Dabei habe ich permanent am »perfekten« Pizzateig getüftelt, verschiedene Saucen probiert, diverse Pizzakreationen getestet und immer wieder aufs Neue optimiert. Es war ein kontinuierlicher Prozess mit vielen misslungenen Pizzen. Letztendlich habe ich ein Rezept entwickelt, das von Freund*innen und Familie als sehr gut empfunden wurde. Mit einer Reise in die Hauptstadt der Pizza – Neapel – hat mich das Pizzafieber dann 2017 richtig gepackt und ich konnte meine Leidenschaft für ein simples Essen, wie Pizza es ist, nicht mehr verheimlichen. Zu diesem Zeitpunkt fanden es viele Bekannte amüsant, wie man sich so intensiv mit Themen rund um Pizzateig und Co. auseinander setzen kann, wo es doch wohl so einfach ist, eine leckere Pizza zu backen!

Im gleichen Jahr habe ich eine Piaggio Ape zu einer mobilen Pizzeria umgebaut und war auf vielen Festen und Feiern unterwegs. Mit »Waldis Pizza Ape« habe ich alles an Board, um eine italienische Pizza aus dem Holzbackofen servieren zu können. Meine Kund*innen haben mir durch ihre positiven Rückmeldungen zur Pizza gezeigt, dass Interesse an einem perfekten italienischen Pizzateig besteht. So habe ich mich 2019 entschlossen, den YouTube-Kanal »Waldis Pizza« zu gründen, auf dem ich zeigen kann, wie jede*r die Möglichkeit hat, eine leckere italienische Pizza zu Hause zu backen.

Für mich bedeutet Pizzabacken Kreativität, Kunst und Handwerk zugleich. Es bereitet mir unheimlich viel Spaß, die italienische Küche aus ihrem Ursprungsland nach Deutschland zu bringen. Aber das Schönste am heimischen Pizzamachen ist doch: Jede*r kann individuell entscheiden, welchen Belag er oder sie möchte und wie viel davon auf die eigene Pizza soll. Man könnte locker 365 Tage mit unterschiedlichen Pizzakreationen füllen und dabei jedes Mal aufs Neue eine Geschmacksexplosion erleben.

Mit dem Buch »Pizza – amore mio« möchte ich meine Leidenschaft zum Pizzabacken mit dir teilen, dich von der traditionellen Pizza mit wenig, aber qualitativ hochwertigen Zutaten begeistern und dich wissen lassen, welches Geheimnis hinter dem italienischen Nationalgericht steckt. Das Ziel ist es, dir zu zeigen, dass es auch zu Hause möglich ist, eine fantastische Pizza – genauso wie du sie in Italien oder beim Lieblingsitaliener bekommst – selbst zu backen.

*Kapitel 1*

# GRUND-LAGEN

# GESCHICHTE DER PIZZA UND BERÜHMTE PIZZEN

## GESCHICHTE UND HERKUNFT DER PIZZA

Die Pizza ist auf der ganzen Welt ein kulinarisches Highlight. Die echte, originale Pizza Margherita soll 1889 in Neapel, in der »Antica Pizzeria Brandi«, erfunden worden sein. Man sagt, dass Raffaele Esposito, ein italienscher Koch und Besitzer einer Taverne, dort als erster einen Teigfladen in den Nationalfarben von Italien mit Tomatensauce bestrichen, mit Käse überbacken und mit Basilikum verziert hat. Im Dezember 2017 ist das italienische Nationalgericht, besser gesagt die »Kunst des neapolitanischen Pizzabackens« zum immateriellen UNESCO-Weltkulturerbe gekürt worden. Dies schließt sowohl das Handwerk der Pizzaioli (dt. Pizzabäcker), die Pizza Napoletana sowie deren Zubereitung ein. Die Pizzahauptstadt verzeichnete damit einen tollen Erfolg.

## NEAPOLITANISCHE PIZZA

Die originale, neapolitanische Pizza ist eine runde, weiche, elastische Pizza mit luftigem "Leopardenmuster"-Rand, die auch gut gefaltet werden kann. Sie wird als »La Vera Pizza Napoletana« bezeichnet und es gibt offiziell nur zwei Sorten: die Pizza Marinara und die Pizza Margherita. Der Verband »Associazione Verace Pizza Napoletana« (Abk.: AVPN) überwacht die Vorschriften und die Benutzung der Kollektivmarke »Verace Pizza Napoletana«. Jeder Schritt und jedes Detail – von den einzelnen Zutaten und Zubehör über die Teigzubereitung und Tomatensauce bis hin zum Backen in einem Holzbackofen bei 485 °C – sind in einem Regeldokument festgehalten. Nur wer alle diese Vorschriften befolgt, darf seine Pizza als die »echte, neapolitanische Pizza« bezeichnen. In Neapel wird die Pizza Napoletana übrigens auch als Streetfood unter dem Namen »Pizza a portafoglio« verkauft. Seit einigen Jahren bildet sich zudem ein neuer Trend in der neapolitanischen Pizzawelt ab. Die »Pizza Contemporanea« – bedeutet soviel wie die »zeitgenössische Pizza«. Sie wird hauptsächlich von jungen Pizzaioli praktiziert. Proteinreiches Mehl, hoher Wassergehalt, die Zugabe von Malz, eine lange Gehzeit mit verschiedenen Vorteigen sowie die relativ niedrige Backtemperatur zeichnen diese Pizza aus.

## RÖMISCHE PIZZA

Eine weitere sehr bekannte italienische Pizza ist die Pizza Romana, die es in mehreren Ausführungen gibt. Sie unterliegen jedoch keinem festgeschriebenen Regelwerk. Bei der Zubereitung und beim Backen gibt es dennoch einiges zu beachten. Die Teigherstellung, die Ofentemperatur und die Backzeit weichen etwas vom neapolitanischen Pizzateig ab. Zudem wird der Fokus nicht auf den Teig, sondern auf den Belag gelegt, denn dieser macht den Geschmack der römischen Pizza aus.

**Pizza Tonda:** Sie zeichnet sich durch einen runden, dünnen, knusprigen Boden aus, dessen Rand kaum zu erkennen ist. Der Teig hat eine niedrige Hydration und enthält Olivenöl. Der Teigling wird mit einem Holzstab ausgerollt und bei 350 °C Grad für 1–2 Minuten gebacken. In Rom wird diese Pizza auch als Streetfood (»Pizza al Metro«) angeboten und in rechteckigen Stückchen nach Gewicht verkauft.

**Pizza al Taglio:** Die Blechpizza »al Taglio« (dt.: stückchenweise) wird in Rom ebenfalls als Streetfood angeboten und ist sehr beliebt. Der Unterschied zu den anderen beiden Varianten ist, dass der Teig eine höhere Hydration hat und dieser dadurch dicker und fluffiger wird. Der Boden der Pizza ist aufgrund der niedrigen Ofentemperatur und langen Backzeit trotzdem knusprig.

# AUF DEM WEG ZUR PERFEKTEN SELBSTGEMACHTEN PIZZA

Wer jetzt noch denkt, dass es sich bei einer leckeren italienischen Pizza um einen einfachen und schnellen belegten Hefeteigfladen handelt, sollte unbedingt weiterlesen. Die verschiedenen Pizzastile und Zubereitungsmöglichkeiten sowie hochwertige Zutaten machen einen großen Unterschied zwischen einer guten und sehr guten Pizza aus. Aber wie schafft man es nun, eine traditionelle Pizza, wie beim Lieblingsitaliener um die Ecke, zu Hause selbst nachzumachen? Das möchte ich euch mit ein paar einfachen Regeln, Tipps und Tricks zeigen und eure Pizza-Skills Schritt für Schritt auf das nächste Level heben.

## WAS MACHT EINE GUTE ITALIENISCHE PIZZA AUS?

- Verwende wenige, aber dafür qualitativ hochwertige Zutaten! An den Zutaten selbst solltest du für eine leckere selbstgemachte Pizza nicht sparen.

- Eine der wichtigsten Grundzutaten für den Pizzateig ist Mehl mit einem hohem Eiweißgehalt – das Pizzamehl. Für eine leckere italienische Pizza greifen Pizzaioli in der Regel auf ein italienisches Pizzamehl vom Type 0 oder Type 00 zurück.
- Weg von dem Sprichwort »Viel hilft viel« hin zu »Weniger ist mehr«! Die Menge an Hefe bei der Zubereitung des Teiges ist entscheidend für eine gutes Endergebnis.

- Der Zeitfaktor. Beim Pizzabacken ist Geduld gefordert. Vor allem bei der Herstellung und Fermentation von Pizzateig spielt die Zeit eine entscheidende Rolle. Durch die lange und langsame Gärung entwickelt sich ein tiefes, geschmacksintensives und komplexes Aroma.

- Für eine perfekt gebackene Pizza sorgt der Pizzaofen, besser gesagt die Hitze im Ofen. Spezielle Pizzaöfen mit hohen Temperaturen von bis zu 500 °C sind essenziell, um ein sehr gutes Ergebnis zu erreichen.

WALDIS PIZZA-KANAL

Waldis YouTube-Kanal unter https://www.youtube.com/@WaldisPizzaKanal

In dem folgenden Kapitel wird genauer auf die Zutaten, das Zubehör sowie die einzelnen Schritte eingegangen, sodass auch dir zu Hause eine perfekte Pizza gelingt. Für dich heißt es nun erst einmal: lesen und Wissen aufsaugen, **Waldis YouTube-Kanal** anschauen, dich gut mit dem Thema Pizza vertraut machen und dich über **Waldis Pizza Shop** mit den passenden Zutaten eindecken.

WALDISPIZZA.DE

Waldis Website unter https://www.waldispizza.de/

# GRUND- & HAUPTZUTATEN: DAS PIZZA-1 x 1

## MEHL

Beginnen wir mit der wichtigsten Zutat für den Pizzateig, dem Mehl. Für einen guten Pizzateig benötigen wir ein Spezialmehl: das Pizzamehl, ein italienisches Weichweizenmehl mit hohem W-Wert und hohem Eiweißanteil. In der Regel greifen Pizzabäcker*innen auf Tipo 00 oder Tipo 0 zurück oder sie mischen diese Mehle mit Tipo 1, Tipo 2 oder Vollkornmehl. Doch nicht alle interessanten und wichtigen Faktoren lassen sich so leicht anhand der Verpackung ablesen, weshalb ich hier die wichtigsten Punkte erläutere.

### Die unterschiedlichen Mehltypen

Italienische Mehle werden wie auch deutsche Mehle nach Mehltypen eingeteilt. Je nach Type unterscheiden sie sich in ihrem Ausmahlungsgrad, dem Mineralstoffgehalt, ihren Backeigenschaften, der Farbe und dem Geschmack.

Die deutschen und italienischen Mehle sind allerdings nicht 1:1 vergleichbar, denn in Italien werden aufgrund des wärmeren Klimas andere Weizensorten angebaut, die sich von den aufgelisteten deutschen Mehlen unterscheiden. Zudem zeichnen sich italienische Mehle oft durch einen höheren Glutenanteil, eine bessere Gluten- und Quellqualität sowie durch einen höheren Stärkegehalt aus.

| ITALIENISCHER MEHLTYP | VERGLEICHBARE DEUTSCHE TYPEN |
|---|---|
| Tipo 00 | Type 405 |
| Tipo 0 | Type 550 |
| Tipo 1 | Type 812 |
| Tipo 2 | Type 1050 |
| Integrale | Vollkornmehl |

Ist der Ausmahlungsgrad niedrig (niedrige Type-Zahl, z.B. Type 405), wurde das Mehl intensiv und häufig gemahlen und dabei viel Schale vom Korn abgetrennt. Es bleibt wenig vom Getreidekorn übrig und es entsteht ein helles Mehl mit wenig Mineralien. Ein hoher Ausmahlungsgrad (hohe Type-Zahl, z.B. Type 1050) hingegen weist auf einen hohen Anteil an Schalenteilen und somit einen höheren Mineralstoffgehalt hin. Das bedeutet, die Type des Mehls gibt Auskunft über den Ausmahlungsgrad sowie über die Mineralien im Mehl. Je höher die Type, desto geschmacklich intensiver, dunkler und mineralstoffreicher ist das Mehl.

Weiße und sehr reine Mehle sind im Geschmack oft etwas fad, da Kleie und Keim fast komplett entfernt wurden (niedriger Ausmahlungsgrad). Vollkornmehle hingegen sind geschmacksintensiver, weil Kleie, Keim und Endosperm noch im Mehl enthalten sind (hoher Ausmahlungsgrad), haben aber kaum Eiweiß und Stärke. Italienische Pizzabäcker*innen sowie Hobby-Pizzabäcker*innen mischen deshalb oft auch verschiedene Mehle zusammen, um sowohl ein proteinreiches als auch geschmacksintensives Mehl zu bekommen.

### WALDIS PIZZA-ABC

**A** wie Ausmahlungsgrad: Der Ausmahlungsgrad gibt an, wieviel Mehl von einer gegeben Ausgangsmenge nach dem Mahlen übrig ist.

**M** wie Mineralien und Mineralstoffgehalt: Die Mineralien befinden sich in der Schale des Getreidekorns. Je nachdem wie hoch der Ausmahlungsgrad ist, sind entweder viele oder wenige Mineralien im Endprodukt Mehl enthalten. Die Typennummer des Mehls definiert diesen Mineralstoffgehalt pro 100 g. Das wären beim Typ 405 beispielsweise 405 mg Mineralstoffe je 100 g wasserfreiem Mehl.

## Eiweiß und Backstärke

Zwei weitere Faktoren, die beim Kauf des Mehls entscheidend sind, sind der Proteingehalt und Backstärke. Der Proteingehalt beim Pizzamehl ist mit ausschlaggebend für ein gutes Ergebnis, weshalb du ein Mehl mit einem hohen Eiweißwert von mind. 12 % wählen solltest. Je länger der Teig reifen soll, desto höher sollte der Proteingehalt sein. Das sorgt für eine stabile und starke Klebereiweißstruktur und eine bessere Bindung des Teigs. Zudem haben eiweißstarke Mehle den Vorteil, dass der Teig elastischer wird.

P wie Protein: Proteine, oder auch Eiweiße genannt, sind austauschbare Begrifflichkeiten, die fälschlicherweise mit Gluten oder Klebereiweißgerüst gleichgestellt werden. Allerdings muss hier differenziert werden. Gluten entsteht erst, wenn Wasser zum Mehl hinzugefügt wird und sich durch das Kneten Eiweißfäden bilden, die sich dehnen, ordnen und letztendlich ein Gewebe formieren – das sogenannte Glutennetz oder Klebereiweißgerüst.

Die Backstärke ist ebenfalls wichtig, aber in den meisten Fällen nicht auf der Verpackung des Mehls angegeben.

B wie Backstärke: Die Backstärke, die als W-Wert angegeben wird, beschreibt wie viel Wasser ein Mehl aufnehmen kann und in welchem Maß der Teig dabei wachsen bzw. gehen kann, ohne in sich zusammenzufallen.

Ein Pizzamehl mit einem W-Wert von mindestens 210 ist ausreichend, besser wäre einer von 230/240. Da die herkömmlichen deutschen Mehle mit ihren W-Werten meist darunter liegen, eignen sie sich weniger gut zum Pizzabacken.

Wichtig zu wissen ist: Je höher der W-Wert, desto mehr Flüssigkeit kann das Mehl aufnehmen und umso elastischer und dehnbarer wird der Teig. Ein weiterer Vorteil von backstarken Mehlen ist, dass diese längere Gehzeiten zulassen. Dabei kann sich ein stärkeres und widerstandsfähigeres Klebereiweißgerüst aufbauen. Je mehr Gluten gebildet wird, desto besser hält es $CO^2$ (Gärgas) im Teig. Bei guter Gärstabilität wird das $CO^2$ festgehalten, ohne, dass der Teig reißt. Teige, die aus Mehlen mit einem höherem Eiweißgehalt und W-Wert hergestellt werden, haben eine verbesserte Gärstabilität und -toleranz gegen Übergare.

G wie Gärtoleranz: Die Gärtoleranz ist abhängig von einer guten Gärstabilität und ist der Bereich, in dem der Teig gerade noch dehnbar und elastisch ist, bevor die Übergare beginnt.

Weitere Kriterien, die Mehle voneinander unterscheiden, sind: die Widerstandsfähigkeit (P-Wert), die Elastizität (L-Wert) und die Stabilität (S-Wert).

Die folgende Tabelle zeigt schwächere Mehle mit niedrigen W-Werten bis hin zu sehr starken Mehlen mit hohem W-Wert und deren mögliche Verwendung in Teigvarianten.

| W-WERT | P/L WERT | PROTEIN-GEHALT | FLÜSSIG-KEIT | VERWENDUNG |
|---|---|---|---|---|
| Unter 200 | 0,4 / 0,5 | 9–11 % | - | (nicht für Pizza geeignet) |
| 170–200 | 0,45 | 10,5–11,5 % | Bis zu 60 % | Nicht empfehlenswert, aber möglich: Pizza mit Direktteig (bei kurzer Reifezeit) |
| 210–260 | 0,45 / 0,5 | 11,5–12,5 % | Bis zu 70 % | Pizza mit Direktteig (bei kurzer bis mittlerer Reifezeit) |
| 270–350 | 0,5 / 0,55 | 12–13,5 % | Bis zu 80 % | Pizza mit direkten oder indirekten Teigmethoden (z. B. Biga) |
| Über 350 | 0,55 / 0,6 | 13,5–15 % | bis zu 100 % | Pizza mit langen Teigruhezeiten (z. B römische Blechpizza, Biga, Poolish, American Pizza Styles); kann gut mit anderen Mehlen gemischt werden |

## SEMOLA

Neben dem italienisch gemahlenen Weichweizenmehl (ital. farina), welches zum Herstellen von Pizzateig verwendet wird, gibt es noch ein besonderes Mehl aus Hartweizen, welches Semola (ital. semola di grano duro) genannt und in drei verschiedene Mahlgrad-Sorten (grob, mittel und fein) eingeteilt wird. Das feine Hartweizenmehl (ital. semola rimacinata) ist besonders stark gemahlen und eignet sich bestens als Hilfsmittel zum Pizzabacken. Ich würde sogar behaupten, es ist als Art Geheimwaffe beim Pizza-Hobby zu betrachten. Mithilfe von Semola lässt sich der Teigballen einfacher aus der Teigbox herausholen, ausbreiten und ausformen. Dabei gibt es weder Teigrückstände auf der Arbeitsfläche, noch verklumpt es. Es erleichtert nicht nur das Formen des Pizzabodens, sondern auch das Aufnehmen der fertig belegten Pizza mit einem Pizzaschieber. Semola hat gegenüber Mehl noch zwei weitere Vorteile: Semola verbessert die Backfähigkeit und macht den Pizzaboden und den Rand knuspriger.

Da Semola im Vergleich zu Mehl meist teurer ist, mischen viele Pizzaioli es mit dem im Teig verwendeten Mehl im Verhältnis 50:50. Mehl bietet zusätzlich den Vorteil, dass es quellfähiger ist als Semola und so die Feuchtigkeit des Teiges besser bindet. Alternativ zu italienischen Hartweizenmehlen kann auch Hartweizengrieß verwendet werden.

## WASSER

Leitungswasser ist eine weitere wichtige Zutat beim Herstellen von Pizzateig. Das Gluten, welches im Mehl enthalten ist, nimmt das komplette Wasser auf und die Eiweißstoffe verquellen miteinander. Während dieses Herstellungsprozesses liegt die Hauptaufgabe der Eiweißstoffe darin, das Wasser im Teig zu binden und dem Teig eine Struktur zu geben. Je nach Mehlsorte kann ein Mehl mehr oder weniger Wasser absorbieren. Im Zuge der Teigzubereitung spricht man oft von Teigausbeute (Abk.: TA) oder Hydration.

H wie Hydration: Hydration beschreibt den Wassergehalt eines Teiges in Prozent, welcher immer auf die Gesamtmenge des Mehls bezogen ist. So wird zum Beispiel bei einer Hydration von 60 % einem Teig mit 1 kg Mehl eine Wassermenge von 600 ml beigemischt.

| | GERINGE HYDRATION | MITTLERE HYDRATION | HOHE HYDRATION | SEHR HOHE HYDRATION |
|---|---|---|---|---|
| **%** | <60 % | 60–68 % | 69–74 % | >75 % |
| **Konsistenz des Teigs** | sehr fest & kompakt | fest & kompakt | weicher Teig | feuchter & sehr weicher Teig |
| **Schwierigkeit der Verarbeitung** | *(leicht zu verarbeiten) | **(gut zu verarbeiten) | *** (machbar zu verarbeiten) | **** (schwierig zu verarbeiten) |

T wie Teigausbeute: Sie beschreibt das Verhältnis von Mehl zu Wasser im Teig. Im vorliegenden Fall spricht man dann von einer TA 160, die sich aus 100% Mehl und 60% Wasser zusammensetzt.

### Temperatur, Luftfeuchtigkeit und PH-Wert

Bei der Zutat Wasser müssen wichtige Faktoren berücksichtigt werden:

+ Das Wasser temperiert den Teig. Das bedeutet, dass man die richtige Wassertemperatur für das Vorhaben wählen sollte, und diese sollte lieber kalt als zu warm sein.

+ Außerdem aktiviert Wasser mit einer Temperatur über 27 °C die Hefe und der Gärprozess startet sofort. Die Konsequenz ist, dass der Teig schneller geht. Umgekehrt verlangsamt kaltes Wasser den

Gärprozess. Vorsicht ist bei heißem Wasser geboten – es tötet die Hefe und der Pizzateig ist hinüber.

+ Wenn man es ganz genau nimmt, müsste man auch die Luftfeuchtigkeit beachten. Das Mehl nimmt nicht nur das Wasser, welches wir hinzugeben, auf, sondern auch Wasser aus der Luft. Hohe Luftfeuchtigkeit bedeutet daher mehr Wasseranteil im Teig.

+ Bei Pizza-Profis wird auch der pH-Wert des Wassers betrachtet, denn hartes Wasser hat andere Auswirkungen auf den Teig als weiches Wasser. Wir beachten diesen Wert nicht weiter, denn in der Regel hat man im deutschsprachigen Raum eine gute Wasserqualität mit guten pH-Werten zur Verfügung.

*Praxiswissen* Für meine Pizzateige nutze ich kaltes Wasser aus der Leitung oder sehr kaltes Wasser aus dem Kühlschrank (4–11 °C). Je nach Knetgerät steigt die Temperatur der Maschine schnell an. Das kalte Wasser verhindert, dass der Teig zu warm wird.

## HEFE

Die dritte und eine besonders wichtige Zutat für den Pizzateig ist das Backtriebmittel – die Hefe, die der Familie der Pilze angehört. Wenn die Hefe ihre nötigen Nährstoffe erhält, wie beispielsweise Weizen oder Zucker, wird sie aktiviert und ihr Volumen vergrößert sich. Hefe selbst kann nur Einfach- und Doppelzucker verwerten, welcher über den enzymatischen Abbau im Mehl bereitgestellt wird. Die Hefe ist wortwörtlich die treibende Kraft im Pizzateig und der Grund, warum ein Teig aufgeht. Durch den Garprozess in der Stock- und Stückgare entfaltet sich die Hefe vollkommen und der Pizzateig erhält durch einen langsamen und langen Reifeprozess (mindestens 12–24 Stunden) sein geschmacksintensives Aroma.

---

S wie Stock- und Stückgare: Die erste Gehzeit wird als Stockgare bezeichnet und findet direkt nach dem Kneten statt. Der fertig geknetet Teig geht und reift in dieser Ruhephase am Stück. Die zweite Gehzeit ist die Stückgare. Für diese Garzeit, die vor dem Backen stattfindet, wird die komplette Teigmenge aus der Stockgare in kleine Teigkugeln geteilt, sodass sie einzeln ruhen und gehen können.

---

Die Stockgare bezweckt eine Hefevermehrung, welche bei Temperaturen unter 28 °C optimal funktioniert. In der zweiten Phase, der Stückgare, wird die alkoholische Gärung angestrebt. Die Hefegärung trägt dazu bei, dass sich zum einen das Glutennetz im Teig stärkt und zum anderen der Geschmack des Pizzateigs entwickelt. In einer feuchten und warmen Umgebung fühlen sich die Hefepilze sehr wohl und wachsen schneller. Je nach Teigführung (kalt oder warm, lang oder kurz) beginnt die Hefegärung schneller oder langsamer und es entwickeln sich mehr oder weniger starke Aromen.

---

F wie Fermentation: Im Zusammenhang mit Gare fällt häufig der Begriff »Fermentation«. Diese beschreibt einen biochemischen Vorgang, bei welchem Bakterien, Pilze und ein Enzym ihre Nahrung zersetzen und so in andere Stoffe umwandeln – z. B. in Essig, Alkohol, $CO^2$ oder Milchsäure. Dieser Prozess, der auch als »Gehzeit« oder »Reifezeit« bekannt ist, macht die Pizza leichter, bekömmlicher, aromatischer und die Kruste weniger zäh und knusprig. Der Fermentationsgrad unterscheidet sich durch kürzere oder längere sowie wärmere und kältere Gärzeiten. Eine lange Fermentation von 24–72 Stunden ist bei Pizzaioli sehr beliebt. Dabei sollte man die Hefemenge und Gehzeit beachten, denn ein überreifer Pizzateig, der zu viel Alkohol und Säure produziert hat, könnte das Glutennetz schwächen oder einbrechen lassen.

---

### Verschiedene Hefetypen

Lievito Madre (Abk.: LM): Das bekannteste und vielleicht beliebteste Triebmittel bei italienischen Pizzaioli ist die sogenannte »Lievito Madre«, übersetzt die »Mutterhefe«. Sie wird immer aus Weizenmehl hergestellt und hat durch die niedrige Hydration (ca. 50 %) eine feste Konsistenz. Teilweise wird die Lievito Madre mit Honig, Apfelsaft, Rosinen oder Hefewasser angesetzt. Sie ist mild im Geschmack und hat einen sehr starken Ofentrieb.

**Sauerteig:** Eine spannende Alternative zu der traditionellen italienischen Mutterhefe ist der herkömmliche Weizen- oder Roggen-Sauerteig. Im Vergleich zu LM ist die Konsistenz hier deutlich flüssiger, da die Hydration bei 70–100 % liegt. Der Geschmack kann von mild-säuerlich bis kräftig mit einer leichten Essignote variieren.

**Frische Hefe:** Die frische Backhefe (Abk.: FH) kann im Supermarkt als 42 g-Würfel gekauft werden. Sie ist bis zu zwei Wochen im Kühlschrank haltbar und verliert anschließend an Triebkraft. Frische Hefe muss nicht aktiviert werden und kann entweder direkt zu trockenen Zutaten (z.B. Mehl) oder in Flüssigkeiten (z.B. Wasser) aufgelöst werden. Zu beachten ist hierbei jedoch, dass frische Hefe stärker und damit schneller aktiv ist als Trockenhefe.

**Trockenhefe:** Anstatt frischer Hefe kann auch Trockenhefe (Back- oder Bierhefe) verwendet werden. Dies ist eine abgetötete Hefe (Abk.: ITH), die durch ihre Inhaltsstoffe wirkt und nicht aktiviert werden muss. Sie hat eine sehr feine Textur und wird meist in 7 g-Päckchen (entspricht einem ½ frischen Hefewürfel, also 21 g) oder in Dosen verkauft. Trockenhefe kann direkt unter trockene Zutaten wie Mehl gemischt werden. Beachte: Die Instanthefe sollte dabei nicht in direkten Kontakt mit kaltem Wasser kommen. Der Vorteil von Trockenhefe im Vergleich zum frischen Hefewürfel ist die längere Haltbarkeit.

### Mengenangabe

Generell gilt »Weniger ist mehr!« Weniger Hefe bedeutet weniger starken Hefegeschmack. Die Mengenangaben sind Richtwerte, die je nach Hefetyp angepasst werden müssen oder situationsbedingt (je nach Mehl, Backstärke, Hydration, Garzeit oder auch Temperatur) eventuell leicht abweichen können.

Die optimale Hefedosierung liegt zwischen 0,1 % und 3 %, bezogen auf die Gesamtmenge des Mehls. Allerdings sollte dabei die Außentemperatur beachtet werden: im Sommer tendenziell etwas weniger, im Winter etwas mehr Hefe verwenden. Die exakte Messung geringer Hefemengen durch eine digitale Feinwaage ist empfehlenswert, um ein gutes, homogenes Ergebnis zu erlangen (siehe S. 22).

**Bei der Umrechnung von Frischhefe zu Trockenhefe kann folgende Verhältnisangabe helfen: Frischhefe : 3 = Trockenhefemenge**

## SALZ

Die letzte Hauptzutat des Pizzateiges ist das Salz, welches auch für die italienische Tomatensauce benötigt wird. Ich empfehle feines Meersalz, weil es im Vergleich zu Koch- oder Tafelsalz mehr Mineralien enthält und sich schneller auflöst als grobes Salz. Die Zugabe des Salzes macht den Pizzateig stabiler und es liefert Aroma. Die zusätzlichen Mineralien im Meersalz straffen die Glutenstruktur des Teiges und sorgen für einen festeren Teig.

### Mengenangabe und Zeitpunkt der Zugabe von Salz

Für einen geschmacklich guten Teig reichen 1,5–2 % Salz, bezogen auf die Gesamtmenge des Mehls, aus. In einigen Rezepten werden bis zu 3 % Salz verwendet. Das variiert je nach Rezept, Teigzubereitung, Gärung und Temperatur.

Besonders wichtig ist der Zeitpunkt der Salzzugabe zum Pizzateig:

- Vermeide den direkten Kontakt von Salz und Hefe, da es die Hefe töten kann (Salz entzieht der Hefe das Wasser!). Bestenfalls das Salz in Wasser auflösen oder erst später zum Teig hinzugeben.

- Eine frühe Zugabe von Salz verzögert die Hefevermehrung, sodass sich die Hefe langsam entwickeln kann und Zeit hat, tiefe Aromen im Pizzateig zu entwickeln (die Vermehrung der Hefe findet erst nach ca. 4 Stunden im Teig statt). Zudem stärkt das frühzeitige Hinzugeben des Salzes das Glutennetz. Des Weiteren verlängert eine frühe Salzzugabe die Knetzeit, da es das Eiweiß im Teig verfestigt und steifer macht. Diese Faktoren sind von Vorteil, wenn die Teiglinge bei Raumtemperatur gehen und dabei die Form behalten sollen.

- Das Salz kann auch später, nachdem das Mehl-Wasser-Hefe-Gemisch ca. 5–10 Minuten geknetet wurde, in den Pizzateig gemischt und anschließend kurz mitgeknetet werden. Das ist von Vorteil, wenn die Gärung bei

Kühlschranktemperatur stattfindet, da die kalten Temperaturen die Hefebildung ohnehin verlangsamen.

*Praxiswissen* Italienische Pizzaioli lassen ihren Pizzateig oft bei Raumtemperatur gehen und verwenden daher eher mehr Salz, sodass der Teig den Abend über durchhält und sich nicht zu sehr aufbläst. Eine höhere Salzdosis kann auch bei sommerlichen Temperaturen helfen, wenn die Gärung verlangsamt werden soll. Bei hoch hydrierten Teigen ist es ebenfalls sinnvoll, die Salzmenge leicht zu erhöhen, denn dies stabilisiert und strafft das Glutennetz.

### Salz in der Tomatensauce und auf der Pizza

Salz ist nicht nur im Pizzateig, sondern auch in der Tomatensauce und in vielen Zutaten versteckt. Deshalb ist es bereits beim Zubereiten des Teiges sinnvoll, über den späteren Belag nachzudenken. Wird dieser sehr salzig, beispielsweise wenn viel Käse oder Wurst verwendet wird, dann lieber den Salzgehalt im Teig und in der Tomatensauce etwas reduzieren.

**Waldis Blogbeitrag zum Thema Olivenöl unter**
https://www.waldispizza.de/blog/unterschied-gutes-natives-olivenoel-extra

## OLIVENÖL

Qualitativ hochwertige Zutaten sind das Geheimnis einer leckeren italienischen Pizza. Hierzu zählt auch ein ausgezeichnetes natives Olivenöl.

### Produkt, Herkunft und Qualität

Wie bei jedem Produkt gibt es auch beim Olivenöl extreme Unterschiede in der Qualität. Leider sagen das Etikett, die Bezeichnung »natives Olivenöl extra« und die Farbe des Öls wenig bis gar nichts über die Qualität aus. Ein hochwertiges Olivenöl erkennt man einzig und allein am Geruch und Geschmack. Erstklassiges Olivenöl riecht und schmeckt pflanzlich frisch, zudem ist es gesünder und aromatischer als jedes Supermarktprodukt.

### Olivenöl im Pizzateig, in der Tomatensauce und auf der Pizza

Olivenöl ist eine optionale Zutat bei der Teigherstellung. In einigen Rezepten werden 2–3 % Olivenöl (bezogen auf die Gesamtmenge des Mehls) zu Mehl, Wasser, Hefe und Salz hinzugegeben. Olivenöl ist ein Geschmacksträger und macht den Pizzateig geschmeidiger und weniger gummiartig. Zudem lässt sich der Teig durch das Olivenöl dünner ausrollen und es sorgt für eine knusprige Pizza – perfekt für ein römisches Pizzateig-Rezept!

Wird das Olivenöl zu früh zu den vier Hauptzutaten hinzugegeben, bildet es einen Fettmantel um den

Pizzateig herum. Das Mehl kann in diesem Fall nicht so viel Wasser absorbieren, die Bildung eines Glutengerüsts wird gehemmt und der Teig wird weich. Deshalb rate ich, die Hauptzutaten so lange zu kneten, bis sich ein starkes Klebereiweißgerüst bildet und erst dann das Olivenöl zum Teig hinzuzugeben und alles nochmal kurz kneten. Das Hinzufügen von Olivenöl in die Tomatensauce und auf die Pizza, bevor sie in den Ofen kommt, ist ebenfalls dem Pizzabäcker überlassen. Bei weißen oder roten Pizzen ohne Käse ist es allerdings empfehlenswert, einen Schuss Olivenöl zu verwenden, denn es verhindert, dass die Pizza, beziehungsweise die Tomatensauce, beim Backen austrocknet.

## TOMATEN

Für eine perfekte selbstgemachte Pizza reicht ein gut zubereiteter Teig nicht aus. Hierfür fehlt unter anderem noch eine leckere Tomatensauce. Diese kann man jedoch ohne großen Aufwand selbst herstellen.

### San-Marzano-Tomate – Das Original

Wenn du nach Rezepten für Pizza-Tomatensaucen suchst, dann stößt du mit hoher Wahrscheinlichkeit auf Rezepte mit der San-Marzano-Tomate als Zutat, einer ganzen, geschälten Dosentomate. Diese italienische Flaschentomate ist eine besondere Tomatensorte aus Kampanien. Sie stammt aus Agro Sarnese Nocerino, einer kleinen Region rund um den gleichnamigen Ort »San Marzano« und ist mit fruchtbarer Vesuv-Vulkanerde und von viel Sonne sowie Meer umgeben gewachsen. Sie wird als die Königin unter den Tomaten bezeichnet, hat eine intensiv rote Farbe, ist schnittfest, kernarm und schmeckt süßfruchtig mit wenig Säure. Wenn diese Eigenschaften vorliegen und zusätzlich weitere strenge Ernteregeln eingehalten werden, dann dürfen sich die Tomaten »Pomodoro San Marzano dell Agro Sarnese Nocerino D.O.P« nennen und unterliegen somit einer geschützten Herkunftsbezeichnung.

*D* wie D.O.P.: Die italienische Abkürzung D.O.P. steht für »Denominazione d'Origine Protetta« und kennzeichnet eine geschützte Ursprungsbezeichnung (g. U.). Das Gütesiegel bezieht sich auf Produkte, die ein bestimmtes regionales Herkunftsgebiet vorweisen und strengen Regeln, Vorschriften und Kontrollen unterliegen. Es schützt die Produzenten und die Verbraucher*innen. Neben den San-Marzano-Tomaten fallen bsw. Aceto balsamico di Modena, Parmigiano Reggiano, Prosciutto di Parma oder auch Mozzarella di bufala aus Campana unter das Gütesiegel D.O.P.

Für die neapolitanische Pizza ist die San-Marzano-Tomate die einzig wahre Tomatensorte und somit ein Muss! Es ist im Regelwerk der AVPN festgehalten, dass ausschließlich diese Tomaten mit D.O.P.-Siegel für die Pizza Napoletana verwendet werden dürfen. Dadurch, dass

diese aromatische Flaschentomate einmal im Jahr reif geerntet, geschält und am Stück in Dosen abgefüllt wird, behält sie ihre Frische und ist ganzjährig mit einer sehr guten Qualität zu erwerben. Die idealen Gegebenheiten für Tomaten – das Klima und die Vulkanerde – gehen aber weit über die Region Agro Sarnese Nocerino hinaus. Deshalb findet man dort viele verschiedene Tomatenhersteller, die ebenfalls leckere Tomaten mit einer hohen Qualität anbieten. Um sicherzugehen, wann und wie die Tomaten geerntet wurden, aus welcher Region die Tomaten stammen und wo sie abgefüllt wurden, rate ich dazu, die Konservendose gut zu studieren:

+ Das D.O.P.-Siegel ist schnell zu erkennen und definiert unter anderem die Herkunft des Produktes eindeutig.

+ Der Hinweis »100 % italienische Tomaten« stellt sicher, dass die Tomaten aus Italien kommen. Dagegen weisen Aufschriften wie »Hergestellt in Italien« oder »aus Nicht-EU-Ländern« auf Tomaten hin, die nicht aus Italien stammen, sondern nur in Italien abgefüllt werden.

+ Achte auf das Buchstabenkürzel, das für die Provinzabkürzung steht und somit auf die Herkunft der Tomate hindeutet (z. B. SA für Salerno, NA für Neapel oder CE für Caserta).

+ Der Abfülltag wird mit einem Buchstaben und einer 3-stelligen Zahl gekennzeichnet (z.B. S220: Bedeutet, die Tomaten wurden am 220. Tag des Jahres abgefüllt). Da die Ernte von reifen Tomaten in den Sommermonaten Juli bis September erfolgt, sollte die Zahl ungefähr zwischen 190 und 250 liegen.

## Zitronensäure

Im Zusammenhang mit Lebensmitteln und vor allem auch Tomatenkonserven kommt häufig der Begriff »Zitronensäure« in der Liste der Inhaltsstoffe zum Vorschein. Der Einsatz von Zitronensäure hat verschiedene Gründe und Absichten. Zum einen verringert sie Oxidationsprozesse, die durch Sauerstoff- oder Lichteinflüsse entstehen und den Verderb von Lebensmitteln aktivieren können. Zum anderen können Oxidationsprozesse auch Geruchs-, Farb- und Geschmacksveränderungen verursachen, die durch Zitronensäure, die in diesem Fall als Konservierungsmittel dient, verhindert werden können. In einigen Fällen ist es auch möglich, dass die Tomaten in einer (basischen) Lauge geschält werden und die Zitronensäure verwendet wird, um den PH-Wert sowie den Qualitätsverlust, der dadurch entsteht, auszugleichen. Ich würde daher auf San-Marzano-Tomaten ohne Zitronensäure zurückgreifen.

Ich bin ein Fan von San-Marzano-Tomaten, da ich das Aroma und den Säuregehalt der italienischen Tomate außergewöhnlich gut finde. Nichtsdestotrotz können für klassische italienische Pizza-Rezepte auch genauso gut andere qualitativ hochwertige Tomaten(-sorten) oder regionale, frische Tomaten aus dem Garten verwendet werden. Ich empfehle, sich selbst durch die Vielfalt der Tomaten zu probieren und selbst zu entscheiden, welche Sorte am besten schmeckt.

## KÄSE

Augen auf bei der Käsewahl. Wie bei allen anderen Pizzazutaten gibt es beim Käse neben großen Qualitätsunterschieden auch eine vielfältige Auswahl mit verschiedenen Eigenschaften. Von weichem und weißem Mozzarella in Molke eingelegt über schnittfesten Kuhmilch- oder Büffelmozzarella bis hin zu cremigen und geräucherten Käsesorten oder Hartkäse kann alles für die Pizza verwendet werden.

### *Exkurs* PASTA FILATA

Der Mozzarella gehört zur Sorte »pasta filata«, eine besondere, süditalienische Herstellungstechnik, die übersetzt »gesponnener Teig« bedeutet. Bei der Pasta Filata wird die Käsemasse aus der Molke gehoben, der frische Käsebruch mit heißem Wasser abgebrüht, danach gerührt, geknetet und gezogen, bis die typische glatte, geschmeidige Faserstruktur entsteht. Anschließend wird die Masse getrennt – daher auch der Name Mozzarella (ital. mozzare = abschneiden) – und je nach Käsesorte zu Kugeln oder Säckchen geformt.

### Mozzarella »Fior di latte«

Der wohl bekannteste italienische Käse fürs Pizzabacken ist der Mozzarella »Fior di latte«, ein frischer Mozzarella aus Kuhmilch. Im Geschmack mild, milchig und von der Konsistenz her eher fest und leicht gummiartig. Der Fior di latte schmilzt gut und schnell, passt mit vielen anderen Zutaten zusammen und wird daher gern zum Pizzabacken verwendet. Der Fior di latte ist nicht in Lake eingelegt und daher etwas trockener. Das ist von Vorteil, denn dadurch wird die Pizza beim Backen weniger wässrig.

Ein weiteres wichtiges Kriterium bei der Verwendung der Käsesorte Fior di latte ist die richtige Schnittform, die für genügend Feuchtigkeit und den vollen Geschmack auf der Pizza sorgt.

*Praxiswissen:* Die Schnittart »taglio Julienne« ist eine nicht zu dünne und nicht zu dicke Streifenform, die traditionell bei runden Pizzen zum Einsatz kommt. Durch die richtige Streifengröße verdunstet das Wasser beim Backen, trotzdem verbrennt der Käse nicht direkt. Ein optimales Zeichen für das perfekte geschmacksintensive Backergebnis sind weiße kleine Käseflecken, die leichte Käsefäden ziehen.

Die zweite Schnittform beim Fior di latte wird »taglio a dadini« genannt. Eine Würfelform, die häufig für Calzone, Pizza Fritta oder andere gefüllte Pizzaarten wie Pfannenpizza verwendet wird.

### Mozzarella »di bufala«

Der Büffelmozzarella wird im Vergleich zu Mozzarella »Fior di latte« aus frischer Wasserbüffelmilch und ohne Salz hergestellt. Die Salzdosis erhält der Käse durch die Salzlake, in die er eingelegt wird. Beim Aufschneiden eines hochwertigen Büffelmozzarellas »weint« der Käse und man kann feststellen, dass dieser milchiger ist und viel Feuchtigkeit abgibt. Der Mozzarella di bufala ist außerdem geschmacksintensiver und säurehaltiger. Der »echte« Mozzarella di Bufala Campana D.O.P. wird aus Büffelmilch, die zu 100 % aus bestimmten Provinzen in Kampanien stammt, hergestellt.

Wird Büffelmozzarella auf der Pizza mitgebacken, ist die Pizza wässriger. Um dieses Problem zu umgehen, kann man den Büffelmozzarella etwa 24 Stunden vor dem Backen in gleich dicke Scheiben schneiden und abtropfen lassen. Zu beachten ist auch, dass der Büffelmozzarella schnell »überbacken« ist und dadurch sein Aroma etwas verliert, weshalb es hilft, die Pizza erst nach dem Backen mit Käse zu belegen. Generell werden besonders hochwertige Zutaten erst nach dem Backen auf die Pizza gelegt.

## Grana Padano D.O.P. vs. Parmigiano Reggiano (Parmesan) D.O.P.

Das sind die beiden Hartkäsesorten, die häufig miteinander verwechselt und gleichgestellt werden, obwohl sie sich in vielen Punkten voneinander unterscheiden. Sie zählen zu den Grundzutaten in der Küche und werden zum Würzen, Verfeinern oder als Basis für Saucen eingesetzt. Beide Sorten sind Lebensmittel mit geschützter Ursprungsbezeichnung (D.O.P.).

Grana Padano D.O.P.: Der Grana kommt aus einem riesigen, geschützten Anbaugebiet in der weitläufigen Po-Ebene, der Pianura Padana. Als Futter für die Tiere wird auf Silage zurückgegriffen, die Milch für den Grana Padano stammt neben der genannten Region auch aus dem Umland. Der Grana Padano muss mindestens neun Monate reifen, bis er verkauft werden darf. Je nach Reifegrad hat der Hartkäse ein mildes bis kräftiges Aroma.

Parmigiano Reggiano (Parmesan) D.O.P.: Einzig allein der Parmigiano Reggiano darf sich »Parmesan« nennen und dieser ist hochwertiger als Grana Padano. Er wird in lediglich zwei Provinzen hergestellt: Parma und Reggio nell' Emilia. Das kleine Gebiet mit unterschiedlichen Höhenlagen macht die Herstellung aufwendig und teuer. Außerdem sind im Futter für die Kühe keine Zusatzstoffe erlaubt. Ein weiteres Qualitätsmerkmal des Parmigiano Reggiano ist die Reifezeit von 12–72 Monaten. Der Hartkäse zeichnet sich besonders durch verschiedene Varianten und Reifegrade aus, die den Käse im Geschmack unvergleichlich machen. Es entsteht ein vollmundiges und würziges Aroma, welches noch intensiver ist, wenn der Parmesan frisch auf die Pizza gerieben wird.

Eine original neapolitanische Pizza Margherita, gebacken nach den Regeln der AVPN, darf entweder mit geschnittenem Mozzarella Fior di latte (im Julienne-Schnitt) oder mit Mozzarella-di-bufala-Scheiben belegt werden. Außerdem kommt on top etwas geriebener Hartkäse – entweder Parmigiano Reggiano oder Grana Padano. Alle anderen Käsesorten sind für das Originalrezept nicht erlaubt.

## Burrata

Die Burrata kommt ursprünglich aus der östlichen Region Apuliens und ist eine besondere Art des Mozzarella. Sie wird hauptsächlich aus Kuhmilch hergestellt und sieht von außen betrachtet aus wie Mozzarellakugeln, im Inneren ist allerdings ein weicher Kern. Dieser wird aus fadenförmigem Mozzarella und Sahne hergestellt und ist als »Stracciatella«-Käse bekannt. Burrata hat durch die cremige Sahnefüllung ein buttriges, süßliches Aroma. Für die Pizza ist sie ein perfektes Topping, welches am besten nach dem Backen auf der Pizza verteilt wird. Vorsicht: Beim Aufschneiden des Käse-Säckchens fließt die Füllung schnell aus der Mitte heraus.

### Stracciatella

Die Käsesorte, die sich im Inneren der Burrata versteckt, nennt sich Stracciatella. Es ist eine Mischung aus Mozzarellafäden, die mit Sahne vermischt werden. Stracciatella ist rindenlos, hat eine sehr weiche und cremige Struktur und einen unverwechselbaren zarten und süßen Geschmack, der nicht frischer und milchiger sein könnte. Stracciatella-Käse eignet sich ebenfalls super als Pizza-Topping. Aber wie auch beim Burrata, sollte die Pizza damit erst nach dem Backen belegt werden.

### Scamorza bianca oder affumicata

Scamorza gehört auch zum Typ »Filata« und wird zum Abkühlen an einer Schnur in eine Salzlake gehängt, anschließend getrocknet und für ein paar Tage gereift. Es entsteht die typische Birnen- oder Säckchenform. Um die weiße Teigmasse herum bildet sich eine dünne dunkelgelbe bis orange-braune Rinde. Der Käse ist fester und kompakter als Mozzarella »Fior di latte«. Die weiße Sorte (ital. Scamorza bianca) schmeckt mild und leicht säuerlich-pikant. Die geräucherte Variante (ital. Scamorza affumicata) ist etwas würziger und kräftiger im Aroma. Scamorza ist eine gute Alternative für den Mozzarella auf der Pizza und hat den Vorteil, dass er schnell und gleichmäßig schmilzt.

### Provola dolce oder affumicata

In und um Neapel ist der geräucherte Provola, auch Provolone genannt, ein beliebter Pizzakäse. Wie auch beim Mozzarella »Fior di latte« wird für die Herstellung Kuhmilch und die Methode »pasta filata« angewendet. Allerdings wird kein Salz in die Käsemasse eingearbeitet, sondern nach der Herstellung wird der Käse für ein bis zwei Stunden in Salzlake gelegt, wodurch sich eine Kruste bildet. Der geräucherte (ital. affumicata) Provola wird zusätzlich in einem speziellen Raum abgehängt und geräuchert. Die Konsistenz von Provola ist im Vergleich zu Scamorza eher weich und der Geschmack je nach Sorte mild bis kräftig.

### Emmentaler, Edamer & Gouda

Der Emmentaler, mit seinem süßlich-nussigen Geschmack, eignet sich gut als Pizzakäse, besonders in Kombination mit kräftigen Pizzabelägen wie Salami oder Peperoni. Der beliebte Käse schmilzt gut, ohne dass die Pizza im Fett schwimmt. Zwei weitere Käselieblinge bei deutschsprachigen Pizzaioli sind Edamer und junger Gouda. Beide sind eher mild und passen daher gut zu Pizza mit Fisch oder Meeresfrüchten.

*Praxiswissen* Neben der Beachtung von Herkunft und Qualität der verschiedenen Käsesorten empfehle ich, den Käse am Stück zu kaufen und wenn nötig selbst zu reiben. Die Liste der Inhaltsstoffe der bereits geriebenen Käsesorten weisen unter anderem auf die Verwendung von Trennmitteln, wie Kartoffel- oder Maisstärke, hin, die den Käse haltbarer machen und ein Aneinanderkleben verhindern. Diese Zusatzstoffe haben auf einer hochwertigen selbstgemachten Pizza allerdings nichts verloren.

Die Liste der Käsesorten ist lang und daher kann ich diese im Einzelnen nicht detaillierter aufführen. Dennoch möchte ich noch auf folgende Käsesorten hinweisen, die mit einem D.O.P.-Siegel ausgezeichnet sind und häufig auf der Pizza zum Einsatz kommen.

- Gorgonzola D.O.P.: Ein cremiger, norditalienischer Blauschimmelkäse, der würzig-pikant im Geschmack ist. Der Gorgonzola piccante ist länger gereift als der normale Gorgonzola dolce und dadurch wesentlich kräftiger im Geschmack und fester in der Konsistenz.

- Pecorino Romano D.O.P.: Ein Hartkäse aus Schafsmilch, der würzig und kräftig schmeckt und je nach Reifedauer intensiver wird.

- Ricotta Romana D.O.P. oder Ricotta di Bufala Campana D.O.P.: Ein cremig-milder Frischkäse aus der Molke der Schafsmilch oder Büffelmilch.

Letztendlich ist es Geschmacksache, welcher Käse dich am meisten auf deiner Pizza überzeugt. Trotz hochwertiger italienischer Produkte möchte ich hierauf hinweisen: Je lokaler, desto besser! Käse schmeckt frisch am besten und daher gilt: Je frischer der Käse konsumiert wird, desto besser der Geschmack.

bitte umblättern
ZUM ZUBEHÖR GEHT ES HIERLANG!

# GRUNDAUSSTATTUNG UND ZUBEHÖR

Nach und nach, wenn sich das monatliche Pizzabacken mit der Familie zu einer wöchentlichen Pizza-Party-Session oder einem Pizza-Sonntag mit Freund*innen und Familien ausweitet, greift der/die Hobby-Pizzabäcker*in gern auf professionelles Pizza-Equipment zurück. Die Vorteile einer Pizza-Zubehör-Grundausstattung sind die einfachere Vor- und Zubereitung sowie das deutlich bessere Endergebnis.

## DIGITALE (FEIN-) WAAGE

Beim Pizzabacken ist es wichtig, sehr geringe Mengen wiegen zu können. Bereits kleine Abweichungen können sehr große Auswirkungen haben. Für bestimmte Zutaten wie Hefe oder Salz empfehle ich eine digitale Feinwaage, die auf 0,01 g genau misst.

## DIGITALES THERMOMETER

Die Temperatur ist beim Pizzabacken von großer Bedeutung und deshalb ist eine Investition in ein digitales Thermometer sinnvoll. Die Wasser- und Teigtemperatur sowie die Temperatur des Backsteins oder -stahls oder die des Pizzaofens können damit gut gemessen werden.

## MADIA

Die traditionelle Holz-Teigschüssel stammt ursprünglich aus Sizilien und ist ein echter Hingucker in der Pizzaküche. In der Madia kann der Pizzateig ganz traditionell per Hand geknetet werden.

## PIZZABALLENBOX MIT DECKEL

Sobald mehrere Teiglinge vorbereitet werden, empfehle ich, auf eine kleine Pizzaballenbox (40 x 30 cm) mit Deckel zurückzugreifen. Diese ist stapelbar und passt perfekt in den Kühlschrank. Durch den Deckel ist sichergestellt, dass sich auf der Teigoberflächen keine Haut bildet. Ein luftdichter Verschluss ist nicht notwendig, denn der Teig soll nicht erstickt oder hydriert werden. Eine Pizzaballenbox dieser Größe ist optimal für die Stock- und Stückgare (sechs Teigballen mit maximal 300 g) geeignet.

## TEIGSCHNEIDER & PIZZASPACHTEL

Weitere Hilfsmittel sind der Teigschneider und der Pizzaspachtel. Der Teigschneider eignet sich, um größere Mengen Teig nach der Stockgare in gleichgroße Teiglinge für die Stückgare zu teilen und der Pizzaspachtel ist perfekt, um den Teigling aus der Pizzaballenbox zu bekommen. Je nach Wunsch kann zwischen einem harten oder flexiblen Pizzaspachtel gewählt werden. Mit etwas Übung behält die Teigkugel beim Herausnehmen ihre Form. Ich rate zu einem Kunststoffspachtel, sobald mit einer Pizzaballenbox und auf schönen Oberflächen gearbeitet wird. Ein Metallspachtel verkratzt die Oberflächen und sollte mit Bedacht eingesetzt werden.

## HOLZ-PIZZAROLLE

Ein Rollholz empfehle ich lediglich für eine Pizza römischer Art oder Pizzen, die generell eher dünn und knusprig werden sollen. Die neapolitanische Pizza wird ausschließlich per Hand ausgebreitet.

## PASSIERGERÄT

Müssen die Tomaten für die Tomatensauce passiert werden, sollte das entweder per Hand in einer großen Schüssel oder mit einem Passiergerät über einem Behältnis erfolgen. Ein sehr sinnvolles Hilfsmittel ist daher die FlotteLotte® oder vergleichbare Passiergeräte.

## LÖFFEL FÜR TOMATENSAUCE

Ein spezielles Pizzazubehör ist der Tomatensaucen-Löffel. Auf einen traditionellen Pizza-Tomatensaucen-Löffel aus Edelstahl passen ca. 50–60 g Tomatensauce. So kann die Sauce optimal dosiert und in einer typisch kreisförmigen Bewegung auf der Pizza verteilt werden.

## OLIERA

Einer meiner Lieblingstools bei der Pizzazubereitung ist die klassisch handgemachte Ölkanne (ital. Oliera) aus Neapel. Mit dieser wird das Olivenöl in den neapolitanischen Pizzerien traditionell auf die Pizza gegeben. Aus dem Handgelenk heraus wird eine Dosis Olivenöl – in Form von der Zahl 6 (oder spiralförmig) – auf die Pizza gegeben.

## PIZZA-BACKBLECH

Für die Pizza »in teglia alla romana« (die Blechpizza nach römischer Art) wird ein haushaltsübliches Backblech oder ein Blaublech, entweder für den Haushaltsbackofen oder für den Pizzaofen, gebraucht.

## PIZZASCHERE, PIZZAROLLER, PIZZAMESSER ODER WIEGEMESSER

Es klingt etwas seltsam, aber das einfachste und sinnvollste zum Schneiden einer Pizza ist die Pizzaschere. Im Vergleich zu einer Haushaltsschere ist sie extra für die Pizza konstruiert. Sie schneidet perfekt, macht keine Oberflächen oder fluffigen Ränder kaputt und der Belag bleibt an Ort und Stelle. Beim Zulegen eines Pizzarollers rate ich dazu, auf gute Qualität zu achten. Ein Pizzamesser mit Wellenschliff ist ebenfalls eine gute Wahl für zu Hause und kann neben dem Pizzaschneiden auch für das Schneiden von Zutaten zum Einsatz kommen. Ein Pizza-Wiegemesser ist sehr praktisch. Die Pizza ist in Sekunden in 6–8 Stücke geschnitten.

Waldis YouTube-Video „Pizza ohne Probleme auf den Schieber bringen" unter https://www.youtube.com/watch?v=h5-6Z94LLXE

## PIZZASCHIEBER

Der Pizzaschieber, auch Pizzaschaufel oder Pizzaheber genannt, ist ein praktischer Helfer in der Pizzaküche. Die Pizzaschaufel gibt es in vielen verschiedenen Varianten, Größen, Materialien und Preisklassen. Je nach Ofen, Affinität und Ambitionen des/der Pizzabäcker*in sind die Anforderungen unterschiedlich. Je häufiger Pizza gebacken wird und je größer und professioneller der Ofen, desto schneller wird zu einer hochwertigen Pizzaschaufel gegriffen. Der Vorteil eines hochwertigen Schiebers ist, die Pizza sicher in den Ofen zu bekommen. Das Aufnehmen vom Backtisch, das Einschieben und das Herausholen der Pizza aus dem Backofen wird dadurch erleichtert. Zudem kann die Pizza während des Backvorgangs kurz angehoben werden, um nachzusehen, wie stark sie schon gebacken ist. Eine perforierte (gelöcherte) Pizzaschaufel ist besonders gut geeignet, da überschüssiges Mehl und Semola durch die Löcher fällt und somit nicht im Ofen verbrennt.

## PIZZAWENDER

Der Pizzawender, auch als Turning Peel bekannt, ist ein besonderer Pizzaschieber und ein weiteres hilfreiches Tool in der Pizzaküche. Wie der Name bereits sagt, ermöglicht er das Wenden einer Pizza im Ofen, sodass die Pizza von allen Seiten gleichmäßig Hitze abbekommt. Bei Haushaltsbacköfen, dem Grill und Mini-Elektroöfen ist er nicht notwendig. Bei größeren Gas- oder Elektroöfen und vor allem bei einem Holzbackofen ist er jedoch von großem Vorteil.

## KNETMASCHINE

Es gibt verschiedene Knetmethoden und -maschinen. Beginnen wir mit der authentischsten Art und Weise: das Kneten mit den eigenen Händen in einer Madia.

Beliebter und weniger anstrengend ist allerdings die haushaltsübliche Küchenmaschine. Sie ist praktisch, handlich und vielseitig einsetzbar. Die Knetmaschine sollte idealerweise mit einem Spiralknethaken ausgestattet sein, um schwere, feste oder hoch hydrierte Teige gut verarbeiten zu können. Dieses Küchengerät ist für geringe Mengen Teig und gelegentliche Pizza-Abende geeignet. Bei größeren Teigmengen (ab 3 kg und mehr), für exzellente Pizzateige und um gleichbleibend gute Ergebnisse zu erzielen, empfehle ich ein qualitativ hochwertiges Gerät, wie den Spiralkneter. Für den privaten Haushalt gibt es verschiedene Größen (5 kg, 8 kg und 10 kg) und Modellvarianten (feste und abnehmbare Schüssel sowie mit und ohne Geschwindigkeitsstufen), die die Teigzubereitung erleichtern.

## PIZZAOFEN & CO.

Ein weiterer Schlüsselfaktor für eine großartigen Pizza ist der Pizzaofen und seine Ofentemperatur. Sie macht den entscheidenden Unterschied zwischen einer guten und einer sehr guten Pizza. Um eine perfekte italienische Pizza zu Hause backen zu können, ist eine Temperatur von mindestens 300 °C erforderlich. Mit hohen Temperaturen ist eine sehr kurze Backzeit möglich, die zu einem fluffigen, weichen Pizzaergebnis führt. Niedrigere Temperaturen hingegen verlängern die Backzeit, die Pizza geht weniger auf, wird brauner und krosser.

### Backstein vs. Backstahl

Die einfachste und günstigste Art im Eigenheim eine Pizza zu backen, ist die Verwendung eines Backblechs oder -gitters im Haushaltsbackofen. Das Ergebnis wird mit einer Ofentemperatur von max. 300 °C nicht unbedingt zufriedenstellend sein und kommt nicht an eine Pizza des Lieblingsitalieners ran. Deshalb empfehle ich zumindest auf einen Backstein oder -stahl zurückzugreifen, damit kann das bestmöglichste Ergebnis erzielt werden. Diese nehmen die Hitze des Ofens auf und können trotz geringer Ofentemperatur die gespeicherte Hitze an die Pizza abgeben. Eine Pizza mit Backstein- oder stahl im Haushaltsofen hat eine Backzeit von etwa 3–10 Minuten.

**Verwendung, Temperatur & Einstellung**

Haushaltsbackofen: Stein oder Stahl auf einem Ofengitter im oberen Drittel des Backofens bei maximaler Temperatur und Umluft (oder Ober-/Unterhitze) vorheizen. Nach dem Vorheizen auf Grill- oder Pizzafunktion umschalten.

Gas-Grill: Pizzastein oder Backstahl in die Mitte des kalten Grillrosts legen und den Gasregler auf höchste Stufe drehen. Die Grill-Abdeckung zum Vorheizen schließen. Nach dem Aufheizen die Temperatur des Grills etwas herunterdrehen.

Holzkohle-Grill: Backstein oder -stahl in die Mitte des kalten Grillrosts legen und die Kohle ringförmig um den Pizzastein verteilen (es soll sich keine Kohle unter dem Stein befinden!). Zum Vorheizen die Grill-Abdeckung schließen.

| | BACKSTEIN | BACKSTAHL |
|---|---|---|
| **Aufheizzeit** | ca. 30–60 Minuten | ca. 20–30 Minuten |
| **Vorteile** | + vielseitiger einsetzbar (Pizza, Flammkuchen, Baguette, Brötchen, Brot)<br>+ knusprigeres Ergebnis<br>+ authentisch, da ähnlich zu italienischem Steinofen<br>+ Top Preis-Leistungs-Verhältnis | + bruchfest<br>+ bessere Speicherung der Hitze und Wärmeleitfähigkeit<br>+ kürzere Backzeit bei Pizza<br>+ geringere Aufheizzeit bis zur nächsten Pizza |

## Spezielle Pizzaöfen

Um Temperaturen über 300 °C zu erreichen und zu Hause leckere selbstgemachte Pizzen backen zu können, gibt es spezielle Elektro-, Gas- und Holzpizzaöfen, die als günstige sowie hochwertige Modelle zur Auswahl stehen. Diese unterscheiden sich in der Ofengröße und -form sowie beim Material der Backoberfläche (z. B. Schamotte, Cordierit, Keramik) und der Verarbeitung allgemein. All diese Faktoren haben Auswirkungen auf die Aufheizzeit sowie die Temperatur im Ofen.

Eine beliebte Variante unter Hobby-Pizzabäcker*innen ist der Elektropizzaofen. Die für den privaten Haushalt geeigneten Öfen haben in der Regel einen 230-Volt-Anschluss und sind mit einer oder zwei Backkammern sowie einem Backstein ausgestattet. Die einfache Bedienung durch das Einschalten per Knopfdruck, die einfache Regelung der Temperatur, die schnelle Aufheizzeit sowie gleichmäßige Hitzeverteilung und der Gebrauch bei jedem Wetter – sowohl im Innen- als auch im Außenbereich – sind klare Vorteile und beste Voraussetzungen für ein großartiges Pizza-Ergebnis. Von einer traditionellen Pizza römischer Art über eine luftige neapolitanische Pizza bis hin zu eckigen Blechpizzen und Calzone ist je nach Größe und Modell alles möglich (Mini-Pizzaöfen ausgeschlossen).

Eine Alternative zum Elektropizzaofen ist der Gas-Pizzaofen, der ausschließlich für den Außenbereich geeignet ist. Von einer günstigen Einsteigerklasse über die mittlere Preiskategorie bis hin zu hochwertigen Gasmodellen gibt es zudem verschiedene Größen. Je nach Backoberfläche (dünner oder dicker Stein) und Brennermodell-Ausrichtung sowie der Form und Größe des Ofens sind die Temperaturen weitestgehend konstant und erreichen hierbei ca. 300–500 °C. Die Nutzung einer Gasflasche bringt den Vorteil mit sich, den Ofen überall nutzen zu können. Beim Gasofen kommt durch die Flamme, das Drehen und Wenden der Pizza ein tolles Pizza-Feeling auf und der perfekten Pizza steht nichts mehr im Weg.

Ein echtes Highlight unter Pizzaöfen ist ein traditioneller Steinbackofen, welcher mit Holz befeuert wird. Der einzig wahre Pizzaofen, wenn es um die originale neapolitanische Pizza geht, denn die muss laut AVPN in einem Holzbackofen für 60–90 Sekunden bei 430–480 °C gebacken werden. Hier gibt es ebenfalls verschiedene Modelle und Preisklassen und auch hier heißt es »Übung macht den Meister«. Das richtige Anfeuern und Nachlegen von Holz verlangt Erfahrungswerte, denn bei Temperaturen bis zu 550 °C ist die Pizza bei nicht perfektem Timing sehr schnell verbrannt. Neben dem Vorteil der heißen, trockenen Hitze im Ofen, die der Pizza ein Holzofenaroma verpasst, ist das Einschieben, Drehen und Herausholen einer Pizza im Holzofen ein besonders authentisch italienisches Backerlebnis für Hobby-Pizzaioli und daher sehr beliebt.

# GRUNDWISSEN PIZZATEIG

## TEIGFÜHRUNG

Es gibt nicht nur diverse Pizzastile, sondern auch verschiedene Teigführungsmethoden. Um optimale Backergebnisse zu erzielen, müssen viele verschiedene Faktoren beachtet und aneinander angepasst werden. Welche Teigführung gewählt wird, hängt vom Pizzaiolo/a, der Rezeptur, vom verwendeten Mehl (W-Wert und Eiweißgehalt), Wassergehalt, Temperatur und dem persönlichen Zeitkontingent ab.

### Direkte Teigführung

Für einen Direktteig werden alle Zutaten in einem Arbeitsschritt ohne lange Pausen nacheinander vermengt und zu einem Teig geknetet. Für diese Teigführung sind Mehle mit mittlerem W-Wert und Proteingehalt ausreichend. Diese Teigmethode kann sowohl bei kalter als auch bei warmer Teigführung umgesetzt werden und entsprechend kann der Teig lang oder kurz (für einen guten italienischen Pizzateig mindestens 8–12 Stunden) reifen.

### Indirekte Teigführung

Die etwas aufwändigere und (teilweise) komplexere Variante ist die indirekte Teigmethode, die mehrere Arbeitsschritte erfordert. Im ersten Schritt wird ein Nullteig (ohne Triebmittel), Sauerteig oder Vorteig, wie Biga und Poolish, hergestellt. Im zweiten Schritt wird die reife Vorstufe weiter mit den restlichen Zutaten zum Hauptteig verarbeitet.

Die Vorteile dieser Teigführung: Durch den Vorteig entsteht ein starkes Klebereiweißgerüst und die Vermehrung der Hefepilze wird angekurbelt. Dadurch lässt sich der Hauptteig einfacher verarbeiten. Zudem sind lange Gehzeiten möglich, die den Teig elastischer machen und ein intensives Teigaroma sowie höhere Bekömmlichkeit und Verdaulichkeit des Teiges mit sich bringen. Der Vorteil von einem Vorteig (insbesondere dem Poolish) und zusätzlich einer langen Gare ist die Verbesserung der Gärstabilität, die wiederum zu einer Gärtoleranz führt.

**Autolyse**

Eine einfache Variante der indirekten Teigführung ist die Autolyse, ein Nullteig aus Mehl und Wasser. Lediglich diese beiden Zutaten werden vermischt und kurz geknetet. Anschließend wird der Knetvorgang für etwa 20 bis 60 Minuten unterbrochen und der Teig abgedeckt. Der Vorteil der Autolyse ist, dass sich in dieser Zeit die Stärke und das Eiweiß des Mehls mit dem Wasser verbinden, sich dadurch starke Glutenketten bilden und der Teig sich quasi von selbst knetet. Bei einer Autolyse verkürzt sich deshalb auch die Knetzeit um etwa die Hälfte. Diese Methode findet bei knetsensiblen Teigen wie Weizen- und Dinkelteigen großen Anklang. Nach der Ruhezeit werden die restlichen Zutaten zur Masse hinzugefügt, vermischt und geknetet. Für diese Teigmethode kann sowohl die kalte als auch die warme Teigführung gewählt werden.

*Praxiswissen:* Im Sommer kann eine lange und kalte Autolyse dabei helfen, die Knetzeit weitestgehend zu verkürzen. Dazu wird der Autolyseteig für 2–12 Stunden im Kühlschrank gelagert. Dieses Verhalten wird auch »Gärverzögerung« genannt. Es setzt die Teigtemperatur herab und die Teiggare verlangsamt sich.

**Biga**

Biga ist eine italienische, feste Vorteigvariante, die sehr häufig und gerne zum Herstellen von Pizzateig verwendet wird. Besonders für moderne Teigrezepte, wie die Pizza Napoletana Contemporanea, hat er sich durchgesetzt. Seine Besonderheit ist die starke Triebkraftentwicklung, die dazu führt, dass der Rand der Pizza förmlich wie eine Wolke aufgeht. Im ersten Schritt wird ein backstarkes Mehl mit

Wasser und sehr wenig Hefe vermengt. Die Vorteig-Masse ist sehr trocken und klumpig und sieht einer gewöhnlichen Teigmasse nicht ähnlich. Durch das Fehlen von Salz im Vorteig wird er in kürzester Zeit besonders aromatisch, sodass die Gare nicht gebremst wird und die Hefe ungehindert arbeiten kann. Der Vorteig ruht für ein paar Stunden und anschließend wird ein bestimmter Anteil des Biga-Teiges (30–100 %) für den Hauptteig verwendet. Je höher der Anteil an Biga, desto schwieriger die Verarbeitung des Hauptteiges.

**Poolish**

Neben dem Biga gibt es noch den Poolish, eine flüssige Vorteig-Variante. In Schritt 1 werden maximal 15–30 % der gesamten Mehlmenge verwendet. Im Vergleich zum Biga besteht der Poolish aus gleichen Teilen Mehl (hoher W-Wert) und Wasser sowie einer kleinen Menge Hefe (0,1–1 % der Mehlmenge). Während der Gehzeit sollte dieser gut abgedeckt werden, sodass die Oberfläche nicht austrocknet. Generell ist eine kurze, warme sowie lange, kalte Teigführung möglich. Der Poolish-Teig ist bereit für die Weiterverarbeitung, wenn sich viele kleine Bläschen auf der Oberfläche des Vorteiges bilden und sich das Volumen des Teiges verdoppelt hat.

Für eine Teigführung mit Biga oder Poolish empfiehlt sich ein Mehl mit einem W-Wert von 270–360, da es nach der Fermentation des Teiges ermöglicht, Wasser unterzukneten, ohne, dass die Struktur des Teiges darunter leidet.

## Kalte oder warme Teigführung sowie lange oder kurze Teigführung

Die verschiedenen Teigführungen hängen eng miteinander zusammen und können nicht einzeln betrachtet werden. Je nachdem wie schnell und welches Ergebnis erreicht werden soll, wählt man die kalte oder warme sowie lange oder kurze Teigführung.

Die Temperaturen einer warmen Teigführung liegen bei ca. 20–26 °C Raumtemperatur und hängen häufig, aber nicht immer mit einer kurzen Teigführung von 1–12 Stunden zusammen. Da die Hefe warme Temperaturen bevorzugt, wird diese schneller reagieren, sich schneller entwickeln und hat eine kürzere Fermentation. Bei einer kurzen Gehzeit wird mehr Hefe als bei langer Gehzeit benötigt und der Teig ist weniger geschmacksintensiv. Die Gärreife ist bei einer warmen Teigführung schneller erreicht als bei einer kalten Teigführung. Deshalb muss bei einer warmen Teigführung besonders gut auf das Mehl, die Zeiten der Gare und die Teigtemperatur geachtet werden, sodass keine Übergare eintritt.

Die kalte Teigführung findet bei Kühlschranktemperaturen um 0–10 °C und meist in Verbindung mit einer mehrstündigen bis hin zu zweitägigen Teigführung (Langzeitführung) statt. Durch die kalten Temperaturen wird der Gärvorgang verzögert, was einige Vorteile birgt: Es wird weniger Hefe benötigt und trotzdem entwickeln sich tiefe und komplexe Aromen. Die kalte Fermentation gibt zudem eine gewisse Pizzaback-Flexibilität, denn die Stock- oder Stückgare kann spontan verlängert werden. Je länger die Teigführung geplant ist, desto stärker sollte das Mehl und desto kühler die Kühlschrank-Temperaturen (0–4 °C) sein.

Die genannten Teigführungsmethoden beziehen sich auf den Hauptteig, nicht den Vorteig und können sowohl auf die Stock- und Stückgare angewendet werden. Bei allen Varianten und Garprozessen sollte der Teig oder die Teiglinge abgedeckt sein, sodass die Oberfläche nicht austrocknet. Je nach Rezeptangabe und möglicher Änderungen deinerseits müssen eventuell Anpassungen an den Rezepturen gemacht werden.

**Warme Teigführung → Hefepilze fühlen sich wohl und es findet eine schnelle Hefereaktion und -entwicklung statt → kürzere Gärzeit → weniger intensive Aromen**

**Kalte Teigführung: es findet eine verzögerte Reifung statt → längere Gärzeit → starke, intensive Aromen**

# PHASEN DER PIZZAZUBEREITUNG

## MISCHEN & KNETEN

Sind alle Hauptzutaten für den Teig vorbereitet und abgewogen, kann der Misch- und Knetvorgang starten. Dabei werden zuerst die einzelnen Grundzutaten miteinander vermengt. Es gibt verschiedene Ansichten und Meinungen, wie und in welcher Reihenfolge die Zutaten vermengt werden sollten. Das Wichtigste dabei ist, dass Hefe und Salz nicht in direkte Verbindung kommen und die Teigtemperatur kontrolliert wird.

*Praxiswissen:* Nacheinander werden alle Zutaten in die Holzschüssel gegeben, vermischt und geknetet. Für den Anfang empfehle ich die herkömmliche Teigzubereitung mit den eigenen zehn Fingern. Dieser Vorgang ist anstrengender, aber es ist einfacher die Teigentwicklung, also die Veränderungen und Reaktionen des Teiges zu spüren, und festzustellen, wann der Teig fertig geknetet ist.

---

T wie Temperatur: Sie ist vielleicht die geheime Pizzazutat, die häufig unterschätzt wird. Damit meine ich nicht nur die Teigtemperatur, sondern auch die Raumtemperatur und die damit verbundene Luftfeuchtigkeit, Temperaturen der Zutaten, der Hände (beim Kneten per Hand) sowie die warme oder kalte Teigführungstemperatur. Jede Temperatur kann Auswirkungen auf die Verarbeitung des Teiges und letztendlich auch auf das Teigergebnis haben. Die Mengenangaben in den Rezepten sind Anhaltspunkte, die aber durch die verschiedenen Faktoren den Teig je nach Situation ggf. anders reagieren lassen. Die Hefe ist beispielsweise sehr temperatursensibel und auch das Mehl im Teig kann je nach Temperatur mehr oder weniger Wasser aufnehmen.

---

Nach dem Mischen wird der Teig geknetet und die Hefe im Teig verteilt. Dabei wird das Glutengerüst aufgebaut und stabilisiert. In dieser Phase geht die Konsistenz des Teiges von nass über klebrig zu fest und letztendlich zu soft über. Der Knetprozess dauert je nach Teigkonsistenz, Knettechnik, Knetgerät und Mehlqualität bis zu 30 Minuten. Während dieses Prozesses sollte immer wieder die Temperatur des Teiges gemessen und kontrolliert werden. Die optimale Teigtemperatur liegt bei 22–26 °C. Eine erhöhte Temperatur führt dazu, dass es zu einer Überlastung des Eiweißes und der damit einhergehenden Überknetung des Teiges kommen kann. Dabei wird das im Knetvorgang aufgenommene Wasser wieder abgegeben und der Teig wird brüchig und instabil.

Der Teig ist fertig geknetet, wenn er eine elastische, homogene und glatte Oberfläche aufweist. Die Elastizität kann durch einen Fenstertest überprüft werden. Sollte der Teig noch leicht kleben, dann nochmal kurz weiterkneten. Am Ende des Knetvorgangs wird der Teig per Hand zu einer glatten, geschmeidigen Teigkugel geformt. Vorsicht, durch zu langes Kneten kann der Teig auch überknetet und die aufgebauten Glutenstränge wieder zerstört werden.

F wie Fenstertest: Mit dem Fenstertest kann überprüft werden, ob der Pizzateig fertig ausgeknetet ist. Dafür zieht man vorsichtig ein kleines Stück des Teiges gleichzeitig nach oben und auseinander. Wenn der Teig elastisch genug ist, lässt er sich zu einem dünnen und glatten Fenster ausdehnen. Reißt der Teig ab und hat noch dicke Stränge, muss nochmals geknetet werden. Achtung: ein bestandener Fenstertest ist kein Garant dafür, dass der Teig genug Stabilität besitzt. Gerade bei hohen Hydrationen ist es notwendig, den Teig während der Stockgare mehrmals zu falten, um das Glutennetz nach dem Kneten weiter zu stärken.

## STOCK- & STÜCKGARE, FERMENTATION & ZEIT

Nach dem Kneten muss der Teig ruhen und gehen. Diese Phase bezeichnet man als Gare und sie wird in Stock- und Stückgare eingeteilt, die sowohl bei kalter als auch bei warmer Teigführung stattfinden können. Bei diesem Schritt spielt neben dem Faktor »Temperatur« auch die »Zeit« eine sehr wichtige Rolle. Die Mikroorganismen im Teig brauchen Zeit, um zu reifen, sich zu vermehren und zu fermentieren (siehe dazu auch die Informationen zur Hefe, S. 13/14). Für die Stockgare wird der Teig bestenfalls in einer Teigballenbox mit Deckel je nach Teigführung kalt oder warm in die Ruhephase verabschiedet.

Pizzaioli, die mit hohen Hydrationen (über 70 %), per Hand oder mit Dinkelteigen arbeiten, wenden bei der Stockgare gerne die Stretch-and-Fold-Methode an, um zum einen Stabilität im Teig aufzubauen und zum anderen die Teigtemperatur anzupassen.

S wie Stretch-and-Fold: Stretch und Fold bedeutet Dehnen und Falten. Dadurch entsteht ein lockeres, zartes und starkes Glutennetz, welches die Spannkraft im Teig erhöht und die Hefevermehrung anstößt. Der Teig wird zuerst gedehnt, das heißt, so lange gezogen, wie er sich dehnen kann und nicht reißt, und dann zur Mitte hin gefaltet. Dieser Prozess wird einige Male wiederholt, bis sich ein fester Teig bildet. Häufig werden nach Stretch-and-Fold-Durchgängen Ruhezeiten von 30–60 Minuten eingehalten und anschließend der komplette Prozess wiederholt. Sowohl das stabile Klebereiweißgerüst als auch die erhöhte Hefeaktivität verbessern das Backergebnis, indem der Teig in die Höhe aufgeht und nicht zerläuft.

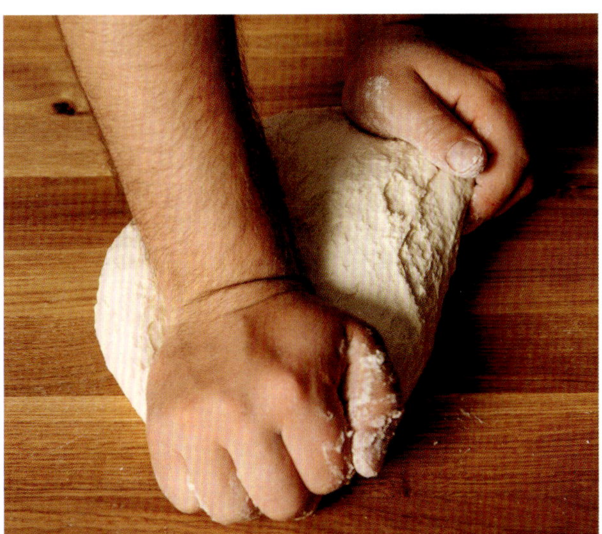

Nach der Stockgare wird die große Teigkugel in einzelne Teigstücke geteilt, zu runden Teiglingen geformt und mit etwas Abstand voneinander in eine Pizzaballenbox gelegt. Die zweite Gehzeit, die Stückgare, beginnt. Je nach Rezept oder Belieben findet diese bei Raumtemperatur oder im Kühlschrank statt.

## AUFARBEITUNG

Findet die Stückgare im Kühlschrank statt, müssen sich die Teiglinge vor der Weiterverarbeitung akklimatisieren. Deshalb soll der Teig vor dem Backen aus dem Kühlschrank genommen werden, damit die Teiglinge noch 1–4 Stunden bei Raumtemperatur ruhen können, bis sie dehnbar und elastisch sind. In der Zwischenzeit den Ofen anheizen oder einschalten und die Tomatensauce, die Zutaten sowie die Arbeitsfläche vorbereiten.

Wenn der Pizzaofen heiß genug ist, etwas Semola auf die Pizzateiglinge in der Box streuen und den ersten Teigling mit einem Spachtel aus der Box holen. Dabei darauf achten, dass dieser schön rund bleibt. Den Teigling auf der mit Semola eingedeckten Arbeitsfläche ablegen und ausbreiten. Dabei darauf achten, dass die Oberseite des Teiglings erneut oben liegt, denn so kann die feuchte Unterseite das meiste Semola aufnehmen und klebt nicht an der Schaufel fest.

Je nach Pizzastil variiert das Ausrollen des Pizzateiges. Die einfachste Variante ist die römische runde Pizza, die mit einem Holz-

stab dünn ausgerollt wird. Beim Ausbreiten des neapolitanischen Pizzateiges erfordert es etwas Übung. Um eine fluffige Pizza zu bekommen, muss die Luft im Teig bleiben. Deshalb nimmt man keinen Holzstab, sondern drückt nur ganz vorsichtig und leicht mit den Fingern, aus der Mitte heraus, auf den Teig. Ist der Teigboden etwas größer, kommen beide Handflächen zum Einsatz. Der Teig wird dünn »ausgezogen«, bis er eine runde Scheibe (je nach Teigballengewicht von 200–280 g) mit einem Durchmesser von 22–35 cm ist. Die Handarbeit ist beim neapolitanischen Teig und anderen fluffigen Teigen besonders wichtig, sodass die Luft (Gärgas) nicht vollkommen aus dem Teig herrausgedrückt wird und die Pizza somit locker bleibt. Eine neapolitanische und eine Pizza im Canotto-Stil haben einen fluffigen Rand, weshalb

dieser unbedingt weitestgehend unberührt bleiben sollte. Eine Blechpizza mit hoher Hydration wird nach der Fermentation direkt im Blech ausgelegt und mit den Fingern vorsichtig ausgebreitet.

## BELEGEN & BACKEN

Anschließend kann der Pizzaboden belegt werden. Für (m)eine perfekte Pizza beachte folgende Tipps:

- Tomatensauce oder andere Saucen erst kurz bevor die Pizza in den Ofen kommt auf den Pizzaboden geben. Liegt die Pizza mit Sauce länger auf einer bestimmten Fläche, durchweicht der Boden und die Pizza lässt sich nur schwer auf den Schieber heben.

- Käse kommt direkt nach der Tomatensauce auf die Pizza. Erst dann folgen die restlichen Toppings

(Ausnahme: Pizzabacken im Haushaltsbackofen, siehe Tabelle, und bei der Verwendung von Mozzarella di bufala, siehe Thema Käse, S. 18).

+ Pizzaboden und Belag mit etwas Olivenöl beträufeln, dann wird die Pizza knuspriger.

+ Arbeitsfläche und Pizzaschieber mit etwas Semola »bemehlen«. Pizza mit dem Schieber aufnehmen und nochmal schön auseinanderziehen. Mit Semola gleitet die Pizza besser und bleibt nicht an der Arbeitsfläche bzw. dem Pizzaschieber haften.

+ Semola mit Bedacht einsetzen, da zu viel Hartweizenmehl oder -grieß im Ofen schnell verbrennt und die Pizza dann einen schwarzen Boden bekommt.

+ Pizzaschieber mit Löchern sind gut für den Outdoor-Bereich geeignet, denn so kann überschüssiges Semola wieder durch die Löcher fallen. In Innenräumen sind diese jedoch nicht vorteilhaft, da sich das Semola auf dem Boden verteilt.

## PIZZAOFEN-EINSTELLUNGEN

Wie mehrmals erwähnt, ist die Temperatur des Ofens ein nicht zu vernachlässigender Aspekt beim Pizzabacken. Die »richtige« Ofentemperatur-Einstellung von hochwertigen Pizzaöfen (Elektro-, Gas- und Holzofen) gibt es nicht, da es zu viele Modelle und Varianten gibt, die sich je nach Pizzastil auch individuell unterscheiden.

| **TEMPERATUREN < 300 °C (Haushaltsbackofen mit Pizzastein oder Backstahl)** | **TEMPERATUREN > 300 °C (Grill mit Pizzastein, spezielle Pizzaöfen)** |
|---|---|
| + Niedrige Temperaturen von unter 300 °C sind nicht optimal zum Pizza backen .<br>+ Das Backen einer Pizza bei niedrigen Temperaturen dauert länger als in einem Ofen mit hohen Temperaturen.<br>+ Durch die längere Backzeit kann der Pizzateig austrocknen und die Zutaten können zu viel Wasser verlieren.<br>+ Erst die Pizza mit Tomatensauce kurz vorbacken, dann mit Käse belegen (Mozzarella verliert mehr Flüssigkeit je länger dieser Hitze ausgesetzt ist).<br>+ Belege die Pizza zuerst mit allen hitzeunempfindlichen Zutaten, backe sie kurz und lege anschließend die restlichen Zutaten auf die Pizza und backe sie fertig.<br>+ Höhere Hydration (mind. 63 %), lange Teigführung und Öl verhelfen zu einem besseren Ergebnis (ein höherer Wasseranteil ist von Vorteil, da die Pizza bei niedriger Temperatur länger im Ofen bäckt und somit nicht so schnell austrocknet.). | + Hohe Backtemperaturen von mehr als 300 °C sind perfekt für eine leckere italienische Pizza.<br>+ Die Pizza kann mit allen Zutaten belegt werden, da der belegte Teigfladen nur wenige Minuten einer extremen Hitze ausgesetzt ist.<br>+ Für eine neapolitanische Pizza benötigt man eine Ofentemperatur von 430–480 °C (AVPN Regel).<br>+ Hohe Temperaturen in Kombination mit der »richtigen« Teighydration sorgen für das Leopardenmuster auf dem Pizzarand.<br>+ Mit Vorteigen und hoher Hydration hergestellte Pizzateige neigen dazu, schneller braun zu werden und brauchen durch die hohe Wassermenge bei der Teigbereitung länger im Ofen. Es empfiehlt sich eine Backtemperatur von 370–420 °C (z. B. Pizza Contemporanea). |

Kapitel 2

# PIZZATEIGE & SAUCEN

# PIZZA TEIG

## original neapolitanisch

6 Portionen à 280 g

### ZUTATEN

30 g feines Meersalz

1 kg Pizzamehl (Type 0 oder Type 00, W-Wert: 290–310)

0,5 g frische Hefe

#### Tipp

*Um die Tradition aufrecht zu halten, befolgen wir für dieses Rezept die Regeln der AVPN. Die Zutaten und die Zubereitung sind leicht veränderbar. Je nach Hefemenge, Hydration und Temperatur unterscheidet sich die Fermentation von mindestens 8 Stunden bis maximal 24 Stunden.*

**Waldis Videoanleitung für das Rezept unter**
https://www.youtube.com/watch?v=BLwCiahNYgA

*Hydration: 60 %*

*22–24 Std. Gehzeit*

### ZUBEREITUNG

Zu Beginn alle Zutaten abwiegen und bereitstellen. 600 ml Wasser mit einer Temperatur zwischen 16–22 °C in eine Knetschüssel geben und das Salz darin auflösen. 100 g Mehl in einen separaten Behälter geben, die Hefe zerbröseln und untermischen. Anschließend die Mehl-Hefe-Mischung zum Salzwasser geben und alles miteinander vermengen.

Nach und nach unter ständigem Mischen das restliche Mehl hinzufügen und für mindestens 15 Minuten kneten. Wenn eine glatte und homogene Teigstruktur erkennbar ist, mit dem Fenstertest (siehe S. 29) prüfen, ob der Teig fertig ist. Den Teig aus der Schüssel heben und in eine Pizzaballenbox legen. Die Box mit einem Deckel schließen. Bei Raumtemperatur für ca. 16–18 Stunden stockgaren lassen.

Anschließend von Hand sechs gleichgroße Kugeln à 280 g formen. Diese mit etwas Abstand zueinander in einer Pizzaballenbox platzieren und mit einem Deckel verschließen. Die Teiglinge reifen nun bei Raumtemperatur (ca. 23 °C) 6–8 Stunden.

**Variante** *Für einen neapolitanischen Pizzateig mit einer kürzeren Fermentationszeit von 8–12 Stunden verwendest du bestenfalls ein Mehl mit einem W-Wert von 250–280 und eine Hefemenge von 1,5 g auf 1 kg Pizzamehl. Alle anderen Zutaten können wie oben beschrieben übernommen werden.*

# PIZZA TEIG

## traditionell italienisch

*6 Portionen à 280 g*

*Hydration: 65 %*

*24–28 Std. Gehzeit*

### ZUTATEN

1 kg Pizzamehl (Type 00)
2 g frische Hefe
15 g Natives Olivenöl extra
25 g feines Meersalz

**Außerdem**

Mehl für die Arbeitsfläche

**Waldis Videoanleitung für das Rezept unter https://www.youtube.com/watch?v=UUQrb_1Rm2w**

### ZUBEREITUNG

Zu Beginn alle Zutaten abwiegen und bereitstellen. Das Mehl in eine Knetschüssel geben, 585 ml Wasser zugeben und klumpenfrei vermischen. Die Knetschüssel abdecken und ca. 30 Minuten bei Zimmertemperatur ruhen lassen.

Anschließend die Hefe in 65 ml Wasser auflösen, zusammen mit dem Olivenöl zum Autolyse-Teig geben und den Teig kurz kneten. Zum Schluss das Salz dazugeben und ca. 15 Minuten kneten. Den Teig in eine Pizzaballenbox geben und abgedeckt für etwa 12 Stunden im Kühlschrank ruhen lassen. Der Teig sollte in dieser Zeit deutlich an Volumen zunehmen.

Nach der Stockgare den Teig aus der Box herausholen, auf die Arbeitsfläche legen und nochmal kurz mit den Händen kneten. Hierbei am besten die Stretch-and-Fold-Methode anwenden (siehe S. 29). Teig in sechs Kugeln à 280 g teilen, zu runden Bällchen formen und mit etwas Abstand zueinander in die Pizzaballenbox zurücklegen. Mit einem Deckel abdecken. Die Pizzateiglinge nun für die Stückgare etwa 12 Stunden im Kühlschrank reifen lassen. Bevor die Pizzateiglinge weiterverarbeitet werden, müssen diese sich 1–4 Stunden bei Raumtemperatur akklimatisieren.

# SINGLE PIZZATEIG

## Waldis »Schneller«

*2–3 Portionen à 270 g*

*Hydration: 58 %*

*6–8 Std. Gehzeit*

### ZUTATEN

2,4 g frische Hefe

500 g Pizzamehl (Type 00)

9 g feines Meersalz

5 g Natives Olivenöl extra

### Tipp

***Das ist das perfekte Grundrezept für eine schnelle Pizza am Abend oder für einen Pizzateig zum Einfrieren auf Reserve.***

**Waldis Videoanleitung für das Einfrieren von Teig unter** https://www.youtube.com/watch?v=Ldz1BzSAEs4

### ZUBEREITUNG

Alle Zutaten mit einer Feinwaage abwiegen und bereitstellen. 290 ml Wasser zuerst in eine Schüssel geben und die Hefe darin auflösen. Das Mehl in eine Knetschüssel geben, nach und nach das Hefe-Wasser-Gemisch zufügen und gut miteinander vermischen und für etwa 10–15 Minuten kneten. Anschließend das Meersalz und das Olivenöl dazugeben und alles zusammen für etwa 5 Minuten kneten, bis ein glatter, homogener Pizzateig entsteht. Den Teig für die Stockgare abdecken und für 2 Stunden bei Raumtemperatur (21 °C) ruhen lassen. Dabei den Teig nach jeweils 30 Minuten dehnen und falten (siehe Seite 29, Stretch-and-Fold-Methode).

Anschließend den Teig in Teiglinge zu je 270 g portionieren, mit etwas Abstand zueinander in eine Pizzaballenbox geben und diese abdecken. Für die Stückgare bei Raumtemperatur für 4–6 Stunden reifen lassen. Die Teiglinge können weiterverarbeitet werden, wenn sie sich entspannt und ungefähr das doppelte Volumen angenommen haben.

Werden die Teiglinge nicht alle zum direkten Verzehr benötigt, dann lassen sich diese direkt nach der Stückgare auch optimal einfrieren. So hast du beim nächsten spontanen Pizzahunger ein oder zwei Teiglinge in der Gefriertruhe.

# DER PERFEKTE PIZZATEIG

*Waldis Lieblingsrezept*

*Hydration: 62 %*

*14–30 Std. Gehzeit*

*6 Portionen à 280 g*

## ZUTATEN

1,5 g frische Hefe
1 kg Pizzamehl (Type 00)
25 g feines Meersalz

## ZUBEREITUNG

Alle Zutaten abwiegen und bereitstellen. 620 ml Wasser in eine Knetschüssel geben und die Hefe darin auflösen. Die Hälfte des Mehls in das Wasser geben und vermischen. Danach Salz dazugeben und gut vermengen. Anschließend das restliche Mehl zur Teigmasse hinzufügen und für 15 Minuten kneten, bis der Pizzateig elastisch ist und eine glatte Oberfläche hat. Den Teig in der Knetschüssel oder in einer Pizzaballenbox abgedeckt für 1–2 Stunden bei Raumtemperatur ruhen lassen.

Nach der Stockgare den Teig in sechs Teigkugeln zu je 280 g teilen und zu Kugeln formen. Die Teiglinge mit etwas Abstand zueinander in die Pizzaballenbox legen und abdecken. Die Ballenbox für die Stückgare für 12–24 Stunden in den Kühlschrank stellen. Bevor die Pizzateiglinge weiterverarbeitet werden, müssen diese sich 1–4 Stunden bei Raumtemperatur akklimatisieren.

*Tipp*

*Dieses Rezept kann auch gut für eine Calzone verwendet werden (siehe S. 92)*

**Waldis Videoanleitung für das Rezept unter**
https://www.youtube.com/watch?v=jV-F6Oi4TOY

# PIZZATEIG »TONDA«

## die runde Pizza Romana

*7–8 Portionen à 200 g*

*Hydration: 58 %*

*14–18 Std. Gehzeit*

### ZUTATEN

1,5 g frische Hefe
1 kg Pizzamehl (Type 00)
30 g feines Meersalz
30 g Natives Olivenöl extra

**Waldis Videoanleitung für das Rezept unter**
https://www.youtube.com/watch?v=WmK-MRcrBoo

### ZUBEREITUNG

Alle Zutaten abwiegen und bereitstellen. 580 ml kaltes Wasser in eine Knetschüssel geben und die Hefe darin vollständig auflösen. Anschließend die Hälfte des Mehls dazugeben und 2–3 Minuten gut vermischen. Zuerst das Salz und dann das Öl zum Teig geben und alle Zutaten gut miteinander vermengen. Das restliche Mehl nach und nach untermengen und für 15 Minuten kneten, bis der Teig eine feste und homogene Oberflächenspannung hat. Den Teig 1–2 Stunden in der abgedeckten Knetschüssel ruhen lassen.

Den Teig von der Schüssel auf eine bemehlte Arbeitsfläche geben, in 7–8 gleichgroße Teiglinge zu je 200 g teilen und zu Kugeln formen. Die Teiglinge mit etwas Abstand zueinander in die Pizzaballenbox setzen und im Kühlschrank für 12 Stunden reifen lassen. Bevor die Pizzateiglinge weiterverarbeitet werden können, müssen diese sich 1–4 Stunden bei Raumtemperatur akklimatisieren.

Variante *Bei diesem Pizzateig kann sowohl die Hydration als auch die Teigkugelgröße variieren. Ich empfehle eine Hydration von 55–60 % und eine Teiglinggröße von 200–250 g. Wer größere Pizzen möchte, kann die Teigmenge erhöhen.*

# PIZZATEIG »AL TAGLIO«

## Blechpizza Romana

4–6 Portionen

*Hydration: 78 %*

*28–55 Std. Gehzeit*

### ZUTATEN

500 g Pizzamehl (Type 00)
2,3 g frische Hefe
15 g feines Meersalz
10 g Natives Olivenöl extra

### Tipp

*Die typische römische Blechpizza eignet sich perfekt für zuhause, wenn mehrere Personen gleichzeitig essen möchten. Bei der großen Pizza mit knusprigem Boden, luftigem Teig und leichter Krume können die einzelnen Stücke mit verschiedenen Toppings belegt werden. Bei diesem Rezept empfehle ich eine Hydration von 78–80 %.*

### ZUBEREITUNG

Zu Beginn alle Zutaten abwiegen. Eine Teigmaschine mit Knethaken bereitstellen. Das Mehl in die Schüssel der Knetmaschine geben, die Hefe zerbröseln und untermischen. Die beiden Zutaten auf niedrigster Stufe mischen. Langsam 300 ml kaltes Wasser in die Maschine gießen. Das Salz hinzufügen und bei mittlerer Stufe kneten. Nach und nach 90 ml Wasser dazugegeben und den Teig für etwa 10 Minuten kneten.

Den Teig aus der Knetschüssel nehmen und auf einer Arbeitsfläche zu einer großen glatten Kugel formen. Etwas Olivenöl in die Handflächen geben und die Teigkugel damit einreiben. Den Teig in eine Pizzaballenbox legen, mit einem Deckel abdecken und für 2–3 Stunden bei Raumtemperatur ruhen lassen. Dabei stündlich die Stretch-and-Fold-Methode anwenden (siehe S. 29), sodass der Teig eine gutes Glutengerüst aufbauen kann. Der Teig ist durch die hohe Hydration sehr weich und elastisch. Den Teig anschließend für 24 Stunden abgedeckt in den Kühlschrank stellen. Die Stockgare kann optional um 24 Stunden verlängert werden.

Nach der Stockgare den Teig nochmals 2–4 Stunden bei Raumtemperatur ruhen lassen.

# 100% BIGA PIZZATEIG

der Traditionelle

*6 Portionen à 270 g*

*Hydration: 70 %*

*28–34 Std. Gehzeit*

## ZUTATEN

**Für den Vorteig**

3 g frische Hefe

1 kg Pizzamehl (Type 00)

**Für den Hauptteig**

25 g feines Meersalz

## ZUBEREITUNG

Zu Beginn alle Zutaten abwiegen. Die Hefe in einem separaten Behältnis in 500 ml kaltem Wasser auflösen. Das Mehl in die Pizzaballenbox geben und die Hälfte des Hefewassers dazugeben. Die Masse nun mit den Händen in kreisenden Bewegungen grob vermengen. Das restliche Hefewasser zugeben und nochmals mit der Hand vermischen, sodass keine Rückstände vom Mehl bleiben. Wichtig ist, dass sich kleine, sehr trockene Klumpen bilden, die einem homogenen Teig nicht (!) ähnlich sehen. Anschließend die Box mit einem Deckel oder nassen Geschirrtuch abdecken und den Teig für 12–16 Stunden bei einer Temperatur von 18 °C gehen lassen.

Für den Hauptteig eine Knetmaschine vorbereiten. Den Biga-Vorteig in die Schüssel geben und die Maschine auf niedrigster Stufe laufen lassen. 200 ml sehr kaltes Wasser nach und nach in ca. 4 Portionen zum Teig zugeben. Die Knetmaschine auf mittlere Stufe schalten und, wenn das Wasser gut eingearbeitet ist, das Meersalz zugeben. Den Pizzateig für 25–30 Minuten kneten lassen. Vorsicht! Bei langen Knetvorgängen gibt die Maschine Temperatur an die Teigmasse ab. Daher immer überprüfen, dass der Teig eine Temperatur von 26 °C nicht übersteigt.

Den Teig in eine Pizzaballenbox geben und für die Stockgare für ca. 12 Stunden im Kühlschrank gehen lassen. Anschließend in 6 Portionen à 270 g teilen, mit etwas Abstand zueinander in die Ballenbox legen und für 4–6 Stunden bei Raumtemperatur reifen lassen. Die Teiglinge sollten enorm an Volumen zunehmen.

### Tipp

*Der Vorteig verleiht Aroma, erfordert allerdings Übung und Geduld. Das Ergebnis ist perfekt: ein fluffiger Rand und ein geschmacksintensiver Pizzateig*

**Waldis Videoanleitung für das Rezept unter**
https://www.youtube.com/watch?v=2nKNWkYzpkw

# 100% POOLISH PIZZATEIG

*der Aromatische*

*6 Portionen à 280 g*

*Hydration: 65 %*

*22–36 Std. Gehzeit*

## ZUTATEN

**Für den Vorteig**

1 g frische Hefe
250 g Pizzamehl (Type 00)

**Für den Hauptteig**

750 g Pizzamehl (Type 00)
25 g Salz

### Variante

*Der Poolish funktioniert auch super als kalt geführter Vorteig. Dafür ruht er 1–2 Stunden bei Raumtemperatur und anschließend 20–24 Stunden im Kühlschrank. Diese Variante ist super für sommerlich heiße Temperaturen geeignet, um den Teig zu temperieren.*

## ZUBEREITUNG

Zu Beginn alle Zutaten abwiegen. 250 ml kaltes Wasser in eine Knetschüssel geben und die Hefe darin vollständig auflösen. Das Mehl für den Vorteig mit einem Holzlöffel nach und nach in das Hefe-Wasser-Gemisch einarbeiten, bis ein klumpenfreier, flüssiger Teig entsteht. Die cremige Konsistenz ist einem Pfannenkuchenteig sehr ähnlich. Die Knetschüssel abdecken und den Teig anschließend für 12–24 Stunden bei Raumtemperatur ruhen lassen.

Der Poolish ist bereit für die Weiterverarbeitung, wenn sich viele kleine Bläschen auf der Oberfläche bilden und sich das Volumen des Teiges verdoppelt hat. Ist dies der Fall, dann 400 ml Wasser in eine Knetschüssel gießen, den Vorteig dazugeben und mit einem Löffel gut verrühren. Anschließend 400 g Mehl einarbeiten und das Salz unter den Teig mischen.

Das restliche Mehl zugeben und für 10–15 Minuten gut durchkneten, bis eine stabile Glutenstruktur entsteht. Den Teig aus der Knetschüssel nehmen, in eine Pizzaballenbox legen und diese mit einem Deckel verschließen. Für die Stockgare anschließend 2 Stunden bei Raumtemperatur garen lassen.

Den Teig in 6 Teiglinge à 280 g teilen, mit etwas Abstand zueinander in die Pizzaballenbox legen und abdecken. Für 6 Stunden im Kühlschrank und 2–4 Stunden bei Raumtemperatur reifen lassen.

# PIZZA TEIG

## *mit Sauerteig*

*4 Portionen à 270 g*

*Hydration: 67 %*

*7–9 Std. Gehzeit*

### ZUTATEN

500 g Pizzamehl (Type 00)

20 g feines Meersalz

200 g Sauerteig-Anstellgut

**Waldis Videoanleitung für das Rezept unter**
https://www.youtube.com/watch?v=_H5ZWXfzM4Q

### ZUBEREITUNG

Das Mehl in eine Knetschüssel geben, Salz dazugeben und gut miteinander vermischen. Das Mehl zu den Außenseiten schieben, ein Loch bilden und das Sauerteig-Anstellgut dort hineingeben. 150 ml Wassers dazugeben und alles miteinander vermengen.

Anschließend weitere 150 ml Wasser dazugeben und den Teig für mindestens 20 Minuten kneten. Falls der Teig zu flüssig ist, noch ca. 50 g Mehl dazugeben und anschließend abgedeckt für 60 Minuten bei Raumtemperatur ruhen lassen.

Zuletzt den Teig in 4 Teigkugeln à 270 g teilen und mit etwas Abstand zueinander in einer Pizzaballenbox für 6–8 Stunden bei Raumtemperatur reifen lassen.

*Info* *Die Herstellung dieses Teiges ist relativ zeitintensiv und aufwendig. Für das Anstellgut benötigst du mindestens 5 Tage, besser wären 7 Tage, denn dann ist die Triebkraft besser. Der Sauerteig braucht jeden Tag Pflege, muss gefüttert und bei bestimmten Temperaturen und Lichtverhältnissen gezogen werden.*

# PIZZA TEIG

## New York Style

*5 Portionen à 300 g*

*Hydration: 71 %*

*9,5–15,5 Std. Gehzeit*

### ZUTATEN

50 g Natives Olivenöl extra
20 g Honig
7 g Trockenhefe
700 g Pizzamehl (Type 00)
180 g Semola
25 g feines Meersalz

**Waldis Videoanleitung für das Rezept unter**
https://www.youtube.com/watch?v=1GsG9LDI_a8

### ZUBEREITUNG

Zu Beginn alle Zutaten abwiegen. 500 ml Wasser in die Knetschüssel geben, Olivenöl, Honig und die Trockenhefe zugeben und alles miteinander vermengen. Das Mehl in kleinen Mengen langsam hinzugegeben. Zuletzt das Semola und Salz in die Masse untermischen und den Teig für 10–15 Minuten kneten. Die Knetschüssel abdecken oder den Pizzateig herausnehmen, in eine Pizzaballenbox geben, mit dem Deckel verschließen und für 30 Minuten bei Raumtemperatur gehen lassen.

Nach der kurzen Stockgare den Teig direkt in 5 Teiglinge à 300 g aufteilen und zu Kugeln formen. Mit etwas Abstand zueinander in eine Pizzaballenbox geben und mit einem Deckel verschließen. Für die Stückgare nun mindestens 6, besser 12 Stunden, bei kalten Temperaturen (ca. 4–6 °C) im Kühlschrank reifen lassen. Bevor die Teiglinge weiterverarbeitet werden, müssen diese sich ca. 3 Stunden bei Raumtemperatur akklimatisieren.

*Info* *Die dünne knusprige Pizza mit extra viel Käse ist eine amerikanische Weiterentwicklung der neapolitanischen Pizza mit anderem Teig und anderer Sauce. Sie hat einen relativ hohen Wasseranteil, da sie bei niedriger Temperatur länger im Ofen bäckt und somit nicht austrocknet. Außerdem ist sie mit einem Durchmesser von 45–65 cm relativ groß.*

# PIZZATEIG CANOTTO

*der moderne Neapolitanische*

*6 Portionen à 280 g*

*Hydration: 70 %*

*35,5 Std. Gehzeit*

## ZUTATEN

1 kg Pizzamehl (Type 00)

1 g frische Hefe

30 g feines Meersalz

## ZUBEREITUNG

Zu Beginn alle Zutaten abwiegen. Das Mehl in die Schüssel einer Knetmaschine geben und auf mittlerer Stufe laufen lassen. 630 ml kaltes Wassers nach und nach zugeben. Den Knetvorgang unterbrechen, um eine Autolyse durchzuführen. Decke dafür den Teig mit einem Geschirrtuch ab und stelle den Timer auf 30 Minuten.

In der Zwischenzeit die Hefe in 70 ml Wasser vollständig auflösen. Wenn die Autolyse beendet ist, die Hefe-Wasser-Mischung zum Autolyse-Teig zugeben und weiterkneten. Geschwindigkeit erhöhen und den Teig ca. 6 Minuten kneten. Wichtig dabei ist, die Temperatur zu kontrollieren – sie sollte 26 °C nicht übersteigen. Abschließend das Salz zum Teig geben und kurz einkneten.

Den weichen Teig anschließend zu einer großen, glatten Kugel formen, in eine Pizzaballenbox geben und diese mit einem Deckel verschließen. Für die Stockgare den Teig zunächst 6 Stunden bei Raumtemperatur (21 °C) und anschließend weitere 24 Stunden im Kühlschrank (5–6 °C) ruhen lassen. Im letzten Schritt den Teig in 6 Teigballen à 280 g teilen, zu Kugeln formen und diese noch weitere 5 Stunden bei Raumtemperatur reifen lassen.

*Info* *Dieser Teig ist eine Weiterentwicklung des neapolitanischen Teiges. Merkmale sind ein Weichweizenmehl mit hohem Proteingehalt und W-Wert, welches viel Wasser binden kann. Dies sorgt für den luftigen Teig der Pizza Canotto (Contemporanea).*

**Waldis Videoanleitung für das Rezept unter**
https://www.youtube.com/watch?v=CU06BkPeHX0

# PINSA TEIG

*die etwas andere Pizza*

*6 Portionen à 250 g*

*Hydration: 80 %*

*48–72 Std. Gehzeit*

## ZUTATEN

350 g Pizzamehl (Type 00)
350 g Dinkelmehl (Type 630)
100 g Vollkornmehl
150 g Reismehl
100 g Kichererbsenmehl
1,5 g frische Hefe
10 g feines Meersalz
10 g Natives Olivenöl extra

### Variante

*Eine aufwändigere Variante, aber noch mehr Geschmack erhältst du, wenn du die Hefe durch Sauerteig oder Livieto Madre ersetzt.*

**Waldis Videoanleitung für das Rezept unter** https://www.youtube.com/watch?v=hxMs8qxjilg

## ZUBEREITUNG

Alle Zutaten wiegen, bereitstellen, falls vorhanden eine Spiralknetmaschine vorbereiten. Alle Mehlsorten in die Knetschüssel geben und die Maschine bei niedriger Geschwindigkeitsstufe starten. Die Hefe zerkleinern, zugeben und untermischen.

750 ml Wasser nach und nach zugeben und für 5 Minuten kneten. Salz und Öl hinzufügen und für 10 Minuten auf mittlerer bis hoher Geschwindigkeitsstufe kneten, bis eine glatte Teigstruktur entsteht. Den Teig anschließend zu einer großen, glatten Kugel formen, in eine Pizzaballenbox geben und diese mit einem Deckel verschließen. Den Teig nun für 1 Stunde bei Raumtemperatur ruhen lassen.

Anschließend den Teig für ca. 46–68 Stunden im Kühlschrank (etwa 4 °C) gehen lassen. Im letzten Schritt den Teig in 6 Teile à 250 g teilen und zu Kugeln formen. Die Teiglinge mit etwas Abstand zueinander in die Ballenbox legen und diese erneut verschließen. Bei Raumtemperatur die Teiglinge nun für weitere 1–3 Stunden gehen lassen.

*Info* *Eine Pinsa ist eine etwas andere Art von Pizza. Sie unterscheidet sich vor allem durch einen Mix aus verschiedenen Mehlsorten und zeichnet sich durch lange Gehzeiten von bis zu 72 Stunden aus. Durch hochwertige und besondere Zutaten und die lange Reifezeit ist eine Pinsa sehr bekömmlich und aromatisch. Der Teig wird oval geformt, ist außen knusprig und innen weich.*

# DINKEL PIZZATEIG

## mit Olivenöl

*6 Portionen à 280 g*

*Hydration: 58 %*

*22,5–28,5 Std. Gehzeit*

### ZUTATEN

1 kg Dinkel-Pizzamehl
2 g frische Hefe
27 g Salz
20 g Natives Olivenöl extra
20 g Zitronensaft (optional)

### Info

*Zitronensaft ist reich an Vitamin C und stabilisiert das Klebereiweißgerüst. Vor allem bei Dinkelprodukten wird es als Mehlbehandlungsmittel eingesetzt, um zusätzlich das Volumen des Teiges zu vergrößern und die Backfähigkeit zu verbessern.*

### ZUBEREITUNG

Alle Zutaten abwiegen und bereitstellen. Das Mehl in eine Knetschüssel geben, 520 ml kaltes Wasser zugeben und grob vermischen. Die Schüssel mit einem Geschirrtuch abdecken und für 30 Minuten ruhen lassen. In der Zwischenzeit die Hefe in 60 ml kaltem Wasser auflösen. Nach der Autolyse das Hefewasser zur Masse hinzugeben und für ca. 1 Minute einarbeiten. Anschließend das Salz, das Olivenöl und nach Belieben den Zitronensaft dazugeben und den Teig für ca. 3 Minuten kneten.

Behalte den Pizzateig beim Kneten im Auge. Sobald du eine homogene und elastische Teigstruktur erkennen kannst, empfehle ich, nicht mehr weiter zu kneten. Den Teig aus der Knetschüssel herausnehmen, zu einer großen, glatten Kugel formen und in eine Pizzaballenbox geben. Für die Stockgare den Teig für 2 Stunden im Kühlschrank ruhen lassen und nach jeweils 30 Minuten die Stretch-and-Fold-Methode (siehe Seite 29) anwenden. Anschließend für 20–22 Stunden eine kalte Gare durchführen.

Danach den Pizzateig aus der Ballenbox nehmen, zu 6 gleichgroßen Teigkugeln formen und diese mit etwas Abstand zueinander zurück in die Box legen. Für die Stückgare den Teig 2–4 Stunden bei Raumtemperatur ruhen lassen.

Info

*Bei der Zubereitung von Dinkelteigen gibt es einiges zu beachten. Daher nenne ich dir 5 Fakten, die du vor der Teigzubereitung über Dinkelteige wissen solltest.*

## 5 FAKTEN, DIE DU ÜBER DINKELTEIGE WISSEN SOLLTEST

- Eher kurz und schonend kneten – Dinkelteig ist schnell »ausgeknetet«.
- Dinkelteige sind anfällig, was Temperaturunterschiede angeht.
- Je höher die Temperatur, desto schneller reift der Teig!
- Dinkel hat einen hohen Proteinanteil, allerdings bindet es Wasser schlechter als Weizen. Da feste Teige schneller reifen als weiche Teige, reifen Dinkelteige im Durchschnitt etwas schneller als Weizenteige.
- Kalte, lange Teigführung kommt dem Dinkelteig zugute: das Aroma entwickelt sich und der Teig hat länger Zeit, ein Klebereiweißgerüst zu bilden!

# TOMATEN SAUCE

*original neapolitanisch*

*4–6 Pizzen à 280 g*

*5 Min. Zubereitung*

## ZUTATEN

1 Dose San-Marzano-Tomaten D.O.P. (400 g)

4 g Meersalz

### Info

*Das Regelwerk der AVPN gibt für die original neapolitanische Pizza auch ein Rezept für Tomatensauce vor. Dieses besteht nur aus Tomaten und ein wenig Salz. In Neapel wird es deshalb nicht mal als Sauce, sondern als »Pomodoro per la pizza« bezeichnet.*

## ZUBEREITUNG

Die Tomaten in eine große Schüssel füllen. Mit den Händen die großen geschälten Tomaten klein drücken, bis grobe Stücke entstehen. Alternativ kannst du die Tomaten mit einem Passiergerät passieren. Meersalz unter die Tomatensauce mischen und abschmecken. Für die neapolitanische Tomatensauce werden in der Regel 1–1,2 g Salz auf 100 g Tomaten verwendet.

Die Tomatensauce kann nun für eine beliebige Pizza verwendet werden. Für eine neapolitanische Pizza Marinara wird 70–100 g Tomatensauce verwendet, je nach Größe des Pizzabodens. Auf eine Pizza Margherita wird 60–80 g Tomatensauce gegeben.

## WALDIS PRAKTISCHE TIPPS FÜR DIE ZUBEREITUNG EINER TOMATENSAUCE *Part 1*

- Die Tomaten bestenfalls mit einem Passiergerät passieren oder mit der Hand zerdrücken. Der Vorteil dieser Zubereitung ist die schonende Verarbeitung, welche das beste Aroma aus der Tomate hervorbringt und die Kerne nicht mitpüriert.
- Verwende keinen (Stab-)Mixer: Durch das Pürieren mit einem Mixer veränderst du den Geschmack der süßlichen Tomaten, denn es werden auch die Tomatenkerne mitpüriert und diese sind oftmals bitter. Außerdem wird zu viel Flüssigkeit aus der Tomate gelöst und es entsteht eine wässrige Sauce.

# TOMATEN SAUCE

*italienisch, einfach, schnell*

*6 Pizzen à 280 g*

*10 Min. Zubereitung*

## ZUTATEN

1 Dose San-Marzano-Tomaten D.O.P. (400 g)

5 g Meersalz

5 Basilikumblätter

5 g Natives Olivenöl extra

## ZUBEREITUNG

Die Tomaten mit einem Passiergerät passieren. Alternativ die Tomaten mit den Händen zerdrücken. Meersalz hinzufügen und unterrühren. Basilikumblätter waschen, trocken schütteln, klein zupfen und zur Sauce geben.

Das Olivenöl zugeben und alles mit einem Löffel verrühren. So können sich alle Aromen optimal in der Sauce verteilen.

## WALDIS PRAKTISCHE TIPPS FÜR DIE ZUBEREITUNG EINER TOMATENSAUCE *Part 2*

- Ganze geschälte Tomaten verwenden und vorsichtig behandeln.
- Olivenöl erst zum Schluss hinzufügen und nur unterrühren, nicht mixen!
- Ist die Tomatensauce zu wässrig? Schaue bereits beim Öffnen der Tomatendose nach, wie wässrig diese sind, dann kannst du gegebenenfalls auch vorab ein bisschen Tomatensaft abgießen. Auch ein Einkochen der Tomaten wäre möglich und hat den Vorteil, dass eine dickflüssigere Sauce entsteht. Der Nachteil ist, dass die Tomaten an Aroma verlieren, weshalb ich eher davon abrate.
- Zu viel Tomatensauce auf einem dünn ausgerollten Teig durchweicht diesen schnell. Daher die Menge an Tomatensauce je nach Boden und Belag variieren.

### *Variante*

*Mit zusätzlichen Gewürzen wie Oregano, Rosmarin, Thymian, Chili oder Knoblauch kann die Tomatensauce etwas aufgepimpt werden. Diese Abwandlungen sind möglich, bei einer qualitativ hochwertigen und einfachen Pizza-Tomatensauce aber nicht unbedingt nötig.*

# TOMATEN SAUCE

## New York Style

*4 Pizzen à 300 g*

*15 Min. Zubereitung + 30 Min. Garzeit*

### ZUTATEN

1 Knoblauchzehe

1 Dose San-Marzano-Tomaten D.O.P. (400 g)

1 EL getrockneter Oregano

5 g feines Meersalz

5 g Natives Olivenöl extra

Pfeffer

### ZUBEREITUNG

Knoblauch schälen und klein hacken. Tomaten mit einem Passiergerät passieren oder in eine Schüssel geben und mit der Hand zerkleinern. Knoblauch, Oregano, Salz und Olivenöl dazugeben und mit einem Löffel gut verrühren.

Die fertige Sauce mit Pfeffer abschmecken. Für ca. 30 Minuten im Kühlschrank ziehen lassen.

# BLUMEN KOHLCREME

*mit Crème fraîche*

*1–2 Pizzen à 280 g*

*20 Min. Zubereitung + ca. 30 Min Abkühlen*

## ZUTATEN

200 g Blumenkohl
Salz
50 g Crème fraîche
Pfeffer

**Waldis Blogbeitrag zum Thema Parmesancreme unter**
https://www.waldispizza.de/blog/pizza-mit-parmesancreme

## ZUBEREITUNG

Den Blumenkohl in kleine Röschen teilen und gründlich waschen. Ausreichend Salzwasser in einem Topf zum Kochen bringen. Den Herd auf mittlere Stufe stellen und den Blumenkohl kochen, bis dieser weich ist. Anschließend abgießen, dabei ein bisschen Kochwasser auffangen und zur Seite stellen.

Den Blumenkohl ein einen Mixer geben und zu einer homogenen Masse pürieren. Falls diese zu dickflüssig sein sollte, etwas Blumenkohlwasser zugeben, bis die Konsistenz weich ist. Die Blumenkohlcreme 30 Minuten abkühlen lassen.

Die Crème Fraîche unterrühren, je nach Konsistenz kann nochmal etwas Blumenkohlwasser untergemischt werden. 1 Prise Salz zur Creme hinzufügen, aber Vorsicht – der Blumenkohl wurde bereits in Salzwasser gekocht! Mit Pfeffer abschmecken und die Blumenkohlcreme bis zur Verwendung im Kühlschrank aufbewahren.

## Hinweis

*Die folgenden Rezepte basieren auf den Teig- und Saucenrezepten von S. 34–51. Das bedeutet, zu der Zubereitungszeit der Pizza kommt noch die des ausgewählten Teiges und der Sauce hinzu. Zudem beziehen sich die im Rezept angegebenen Backtemperaturen und -zeiten auf einen speziellen Pizzaofen und können sich je nach Auswahl des Pizzateigrezeptes auch ändern. Auf Seite 24 findest du eine genauere Beschreibung, wie du die Rezepte auch in einem Haushaltsbackofen mithilfe eines Backstahls oder -steins gut hinbekommst.*

Kapitel 3

# KLASSIKER & LIEBLINGS-PIZZEN

# PIZZA MARINARA

VEGAN

*traditionell neapolitanisch*

*1 Pizza (Ø ca. 35 cm)*

*5 Min. Zubereitung + 60–90 Sek. Backzeit*

## ZUTATEN

1 Portion neapolitanischer Pizzateig (280 g, siehe S. 34)

100 g neapolitanische Tomatensauce (Siehe S. 48)

1 Knoblauchzehe

Semola

0,5 g Oregano

8 g Natives Olivenöl extra

### Tipp

*Das Olivenöl verhindert bei einer Pizza ohne Mozzarella, dass das Tomatenwasser verdunstet und die Pizza trocken wird.*

## ZUBEREITUNG

Den Pizzateig nach dem Originalrezept zubereiten. Den Holzofen ca. 45 Minuten vor dem Backen der ersten Pizza vorheizen. In der Zwischenzeit die Tomatensauce ebenfalls nach Rezept zubereiten.

Knoblauch schälen und feine Scheiben schneiden. Etwas Semola auf einer Arbeitsfläche verteilen. Sobald der Pizzaofen ca. 485 °C warm ist und die Backoberfläche eine Temperatur von 430–480 °C erreicht hat, einen Pizzateigling auf die Arbeitsfläche legen. Mit den Fingern und Handflächen vorsichtig einen Kreis mit einem Durchmesser von ca. 35 cm formen, dabei einen Pizzarand von ca. 1 cm lassen und diesen nicht flachdrücken.

Die Tomatensauce in die Mitte des Teigfladens geben und gleichmäßig in kreisförmiger Bewegung mit dem Löffel von innen nach außen auf dem Teig verbreiten. Den Rand frei lassen. Anschließend Knoblauch und Oregano gleichmäßig über die Pizza streuen.

Vor dem Backen benötigt die Pizza ein Schuss Olivenöl. Am besten mit einer typischen neapolitanischen Kupferkanne (»Oliera«) spiralförmig, von der Mitte heraus, über die Pizza gießen. Die Pizza bei etwa 485 °C für ca. 60–90 Sekunden backen. Dabei beobachten und zwischendurch wenden und anheben. Wenn der Boden leicht kross und der Rand schön fluffig ist sowie leichte braune Flecken aufweist, ist die Pizza fertig. Die ofenfrische Pizza Marinara sofort servieren.

## *Variante*

*Selbstverständlich kann die Pizza Marinara mit verschiedenen Teigrezepten und in anderen Backöfen gebacken werden. Allerdings gibt es einen Unterschied zu diesem Rezept: Sie darf nicht mehr als Pizza Napoletana bezeichnet werden.*

# PIZZA MARGHERITA

## Pizza-Queen aus Neapel

VEGGIE

*1 Pizza (Ø ca. 35 cm)*

*10 Min. Zubereitung + 60–90 Sek. Backzeit*

### ZUTATEN

1 Portion neapolitanischer Pizzateig (280 g, siehe S. 34)

80 g neapolitanische Tomatensauce (siehe S. 48)

100 g Fior di latte (Mozzarella)

Semola

7 g Parmesan

7 g Natives Olivenöl extra

Basilikumblätter (nach Belieben)

### ZUBEREITUNG

Den Pizzateig nach dem Originalrezept zubereiten. Den Holzofen ca. 45 Minuten vor dem Backen der ersten Pizza vorheizen. In der Zwischenzeit die Tomatensauce ebenfalls nach Rezept zubereiten.

Den Mozzarella in Stifte schneiden. Etwas Semola auf einer Arbeitsfläche verteilen. Sobald der Pizzaofen eine Temperatur von etwa 485 °C und die Backoberfläche etwa 380–430 °C erreicht hat, einen Pizzateigling auf der Arbeitsfläche ablegen. Mit den Fingern und Handflächen vorsichtig einen Kreis mit einem Durchmesser von ca. 35 cm formen, dabei einen Pizzarand von ca. 1 cm lassen und diesen nicht flachdrücken.

Die Tomatensauce gleichmäßig von innen nach außen auf dem Pizzaboden verteilen, den Rand frei lassen. Den Mozzarella auf dem Pizzaboden verteilen und den Parmesan mit einer Reibe fein über die ganze Pizza reiben. Anschließend aus der Mitte heraus spiralförmig Olivenöl über die Pizza gießen und nach Belieben 2–3 Basilikumblätter auf die Pizza legen.

Die Pizza bei etwa 485 °C für 60–90 Sekunden backen. Dabei beobachten und zwischendurch wenden und anheben. Wenn der Boden leicht kross und der Rand schön fluffig ist sowie leichte braune Flecken aufweist, ist die Pizza fertig. Die ofenfrische Pizza mit frischen Basilikumblättern verzieren und heiß servieren.

## Tipp

*Eine andere Variante der fluffig-weichen Pizza Napoletana ist die »Pizza a portafoglio«, ein typisches neapolitanisches Streetfood. Sie wird wie eine Brieftasche zweimal in der Hälfte gefaltet und kann perfekt ohne Besteck auf der Hand verzehrt werden.*

# PIZZA SALAMI

## nach neapolitanischer Art

*1 Pizza (Ø ca. 32 cm)*

*15 Min. Zubereitung + 60–90 Sek. Backzeit*

### ZUTATEN

1 Portion Pizzateig nach Wahl (280 g, siehe S. 34–47)

60–80 g neapolitanische Tomatensauce (siehe S. 48)

80 g Fior di latte (Mozzarella)

60 g Mailänder Salami

Semola

### ZUBEREITUNG

Den Pizzateig nach Rezept zubereiten. Den Pizzaofen mindestens 30 Minuten auf höchster Stufe vorheizen. Die Tomatensauce ebenfalls nach Rezept zubereiten.

Mozzarella in Streifen schneiden. Die Salami in hauchdünne Scheiben schneiden. Sobald der Ofen die gewünschte Temperatur von etwa 500 °C erreicht hat, kann die erste Pizza vorbereitet werden.

Etwas Semola auf der Arbeitsfläche verteilen und einen Pizzateigling darauflegen. Diesen mit den Fingern und Handflächen ausbreiten, bis er einen Durchmesser von ca. 32 cm erreicht. Dabei einen Pizzarand von ca. 1 cm etwas erhöht lassen. Die Tomatensauce gleichmäßig auf dem Teig verteilen, dabei den Rand frei lassen.

Den Mozzarella auf dem Pizzaboden verteilen. Die Pizza nun für 60–90 Sekunden bei etwa 500 °C backen und nach ca. 1 Minute wenden, sodass alle Seiten gut durchgebacken sind.

Die Pizza nach dem Backen mit der Salami belegen, in 6–8 Stücke schneiden und heiß servieren.

## Tipp

*Das Aroma der Salami würde beim Backen im Ofen verloren gehen, daher lege ich hochwertige Produkte wie die Mailänder Salami nach dem Backprozess auf die Pizza. So wird der Geschmack vollkommen ausgeschöpft.*

# PIZZA FUNGHI

## *nach neapolitanischer Art*

VEGGIE

*1 Pizza (Ø ca. 32 cm)*

*15 Min. Zubereitung + 60–90 Sek. Backzeit*

### ZUTATEN

1 Portion Pizzateig nach Wahl (280 g, siehe S. 34–47)

80 g neapolitanische Tomatensauce (siehe S. 48)

80 g Fior di latte (Mozzarella)

70 g Champignons

Semola

10 g Natives Olivenöl extra

1 EL getrockneter Oregano

Basilikumblätter (nach Belieben)

### ZUBEREITUNG

Den Pizzateig nach Rezept zubereiten. Den Pizzaofen mindestens 30 Minuten auf höchster Stufe vorheizen. Die Tomatensauce ebenfalls nach Rezept zubereiten.

Den Mozzarella in grobe Stifte schneiden. Champignons putzen und in hauchdünne Scheiben schneiden.

Etwas Semola auf der Arbeitsfläche verteilen und einen Pizzateigling darauflegen. Diesen mit den Fingern und Handflächen ausbreiten, bis er einen Durchmesser von ca. 32 cm erreicht. Dabei einen Pizzarand von ca. 1 cm etwas erhöht lassen. Die Tomatensauce gleichmäßig auf dem Teig verteilen, dabei den Rand frei lassen.

Zuerst den Käse und anschließend die geschnittenen Pilze großzügig auf der Tomatensauce verteilen. Die Temperatur im Pizzaofen kontrollieren, sie sollte nun um die 500 °C betragen. Das Olivenöl über die Pizza geben und die belegte Pizza in den heißen Ofen schieben. Während der Backzeit die Pizza beobachten und gegebenenfalls wenden. Nach etwa 90 Sekunden die Pizza aus dem Ofen herausnehmen.

Zuletzt den Oregano und 2–3 frisch gezupfte Basilikumblätter auf die Pizza geben, die Pizza schneiden und heiß servieren.

## Variante

*Für diejenigen, die Schinken lieben, gibt es natürlich die Möglichkeit, dieses Rezept abzuwandeln und eine Pizza prosciutto e funghi zu backen. Dafür benötigst du zusätzlich ca. 40 g Prosciutto cotto in hauchdünnen Scheiben und verwendest dafür etwas weniger Tomatensauce und Pilze. Der Rest der Zutaten bleibt gleich.*

# PIZZA MISTA

## mit Paprika & Peperoni

*1 Pizza (Ø ca. 32 cm)*

*20 Min. Zubereitung + 60–90 Sek. Backzeit*

### ZUTATEN

1 Portion Pizzateig nach Wahl (280 g, siehe S. 34–47)

60 g neapolitanische Tomatensauce (siehe S. 48)

70 g Fior di latte (Mozzarella)

20 g gelbe Paprika

20 g rote Paprika

15 g Salami (Sorte nach Belieben)

15 g Prosciutto cotto

½ Zwiebel (optional)

15 g milde Peperoni

Semola

### ZUBEREITUNG

Den Pizzateig nach Rezept zubereiten. Den Pizzaofen mindestens 30 Minuten auf höchster Stufe vorheizen. Die Tomatensauce ebenfalls nach Rezept zubereiten.

Den Mozzarella in grobe Stifte schneiden, die Paprika waschen, vierteln, entkernen und in 4 cm lange, dünne Streifen schneiden. Die Salami und den Schinken in dünne Scheiben schneiden. Die Zwiebel schälen und in dünne Ringe schneiden, die Peperoni in gleich große Stücke schneiden.

Etwas Semola auf der Arbeitsfläche verteilen und einen Pizzateigling darauflegen. Diesen mit den Fingern und Handflächen ausbreiten, bis er einen Durchmesser von ca. 32 cm erreicht. Dabei einen Pizzarand von ca. 1 cm etwas erhöht lassen. In der Mitte nicht zu dünn ausrollen, da die Pizza viel Belag hat und dadurch sehr schwer ist.

Die Tomatensauce auf der Pizza verteilen, dabei einen Rand von 1 cm lassen. Die Pizza mit Mozzarella belegen. Anschließend alle weiteren Zutaten gleichmäßig auf der Pizza verteilen. Den Pizzaofen kontrollieren, er sollte nun eine Temperatur von 500 °C haben. Die Pizza in den Ofen schieben, während des Backens beobachten und bei Bedarf wenden. Nach 90 Sekunden, wenn die Pizza goldbraun gebacken ist, aus dem Ofen nehmen und noch heiß servieren.

# QUATTRO STAGIONI

## Pizza »Vier Jahreszeiten«

*1 Pizza (Ø ca. 32 cm)*

*15 Min. Zubereitung + 60–90 Sek. Backzeit*

### ZUTATEN

1 Portion Pizzateig nach Wahl (280 g, siehe S. 34–47)

80 g neapolitanische Tomatensauce (siehe S. 48)

80 g Fior di latte (Mozzarella)

15 g Prosciutto cotto

20 g Champignons

20 g Artischocken (Glas)

20 g schwarze, entsteine Oliven (Glas)

Semola

getrockneter Oregano

Salz, Pfeffer

### ZUBEREITUNG

Den Pizzateig nach Rezept zubereiten. Den Pizzaofen mindestens 30 Minuten auf höchster Stufe vorheizen. Die Tomatensauce ebenfalls nach Rezept zubereiten.

Für den Belag den Mozzarella in grobe Stifte sowie den Schinken und die Champignons in hauchdünne Scheiben schneiden. Die Artischocken und Oliven abtropfen und gegebenenfalls halbieren oder vierteln.

Etwas Semola auf der Arbeitsfläche verteilen und einen Pizzateigling darauflegen. Diesen mit den Fingern und Handflächen ausbreiten, bis er einen Durchmesser von ca. 32 cm erreicht. Dabei einen Pizzarand von ca. 1 cm etwas erhöht lassen. Die Tomatensauce gleichmäßig auf dem Teig verteilen, dabei den Rand frei lassen.

Den Mozzarella großflächig auf der gesamten Pizza verteilen, anschließend die Pizza im ersten Viertel mit Artischocken, im nächsten mit Prosciutto, im dritten mit Oliven und im letzten Viertel mit Pilzen belegen. Nach Geschmack mit Oregano, Salz und Pfeffer würzen. (Solltest du einen Prosciutto cotto mit bester Qualität verwenden, empfehle ich, diesen erst nach dem Backen auf die Pizza zu legen.)

Den Pizzaofen kontrollieren, er sollte nun eine Temperatur von 500 °C haben. Die Pizza in den Ofen schieben, für 60–90 Sekunden backen und ofenfrisch servieren.

# PIZZA NAPOLI

## mit Sardellen & Oliven

*1 Pizza (Ø ca. 32 cm)*

*10 Min. Zubereitung + 60–90 Sek. Backzeit*

### ZUTATEN

1 Portion Pizzateig nach Wahl (280 g, siehe S. 34–47)

80 g neapolitanische Tomatensauce (siehe S. 48)

100 g Fior di latte (Mozzarella)

30 g Sardellenfilets (Glas)

15 g Kapern (Glas)

20 g schwarze, entsteinte Oliven

Semola

### ZUBEREITUNG

Den Pizzateig nach Rezept zubereiten. Den Pizzaofen mindestens 30 Minuten auf höchster Stufe vorheizen. Die Tomatensauce nach Rezept zubereiten.

Den Mozzarella in grobe Stifte schneiden, Sardellen, Kapern und Oliven abtropfen lassen und bereitstellen. Den Pizzaofen kontrollieren. Bevor nun die erste Pizza zubereitet wird, sollte er eine Temperatur von 500 °C erreicht haben.

Etwas Semola auf der Arbeitsfläche verteilen und einen Pizzateigling darauflegen. Diesen mit den Fingern und Handflächen ausbreiten, bis er einen Durchmesser von ca. 32 cm erreicht. Dabei einen Pizzarand von ca. 1 cm etwas erhöht lassen. Die Tomatensauce gleichmäßig auf dem Teig verteilen, dabei den Rand frei lassen.

Die Pizza großzügig mit Mozzarella belegen. Anschließend Sardellen, Kapern und Oliven auf der Pizza verteilen. Die Pizza nun für 60–90 Sekunden backen, währenddessen beobachten. Wenn nötig, die Pizza nach der Hälfte der Zeit wenden, sodass alle Seiten gut gebacken sind. Die Pizza ofenfrisch servieren.

# PIZZA TONNO

## mit Thunfisch & Zwiebeln

*1 Pizza (Ø ca. 32 cm)*

*15 Min. Zubereitung + 60–90 Sek. Backzeit*

### ZUTATEN

1 Portion Pizzateig nach Wahl (280 g, siehe S. 34–47)

80 g neapolitanische Tomatensauce (siehe S. 48)

100 g Fior di latte (Mozzarella)

1 rote Zwiebel

Semola

100 g Thunfisch (in ganzen Stücken, Glas)

Salz und Pfeffer

### ZUBEREITUNG

Den Pizzateig nach Rezept zubereiten. Den Pizzaofen mindestens 30 Minuten auf höchster Stufe vorheizen. Die Tomatensauce nach Rezept zubereiten.

Mozzarella in grobe Stifte schneiden. Die Zwiebel schälen und in feine Ringe schneiden. Die Temperatur im Pizzaofen kontrollieren. Hat der Ofen die gewünschte Temperatur von ca. 500 °C erreicht, dann kann die erste Pizza vorbereitet werden.

Etwas Semola auf der Arbeitsfläche verteilen und einen Pizzateigling darauflegen. Diesen mit den Fingern und Handflächen ausbreiten, bis er einen Durchmesser von ca. 32 cm erreicht. Dabei einen Pizzarand von ca. 1 cm etwas erhöht lassen. Die Tomatensauce gleichmäßig auf dem Teig verteilen, dabei den Rand frei lassen.

Den Käse gleichmäßig auf der Pizza verteilen. Den Thunfisch aus dem Glas nehmen, abtropfen lassen und im Ganzen auf die Pizza legen. Die Zwiebelringe ebenfalls auf der Pizza verteilen und nach Geschmack mit Salz und Pfeffer würzen. Die Pizza in den heißen Ofen schieben und 60–90 Sekunden backen.

Den Backvorgang beobachten und gegebenenfalls nach 1 Minute wenden. Anschließend ofenfrisch servieren.

# PIZZA Frutti di Mare

*1 Pizza (Ø ca. 32 cm)*

*30 Min. Zubereitung + 69–90 Sek. Backzeit*

## ZUTATEN

1 Portion Pizzateig nach Wahl (280 g, siehe S. 34–47)

80 g neapolitanische Tomatensauce (siehe S. 48)

5 TK-Tintenfischringe

5 TK-Garnelen

10 Scheiben TK-Oktopus

1 Knoblauchzehe

100 ml Weißwein

5 TK-Miesmuscheln

1 TK-Kaisergranat

Semola

1 Stängel Petersilie

Zitronensaft

**Außerdem**

1 tiefe Pfanne

## ZUBEREITUNG

Den Pizzateig nach Rezept zubereiten. Den Pizzaofen mindestens 30 Minuten vorheizen, bis er eine Temperatur von ca. 500 °C erreicht hat. Die Tomatensauce nach Rezept zubereiten.

Die tiefgefrorenen Meeresfrüchte auftauen. Knoblauch schälen und fein hacken. Den Weißwein in einer tiefen Pfanne bei mittlerer Hitze zum Kochen bringen. Die Miesmuscheln und den Kaisergranat darin für 3 Minuten durchgaren.

Etwas Semola auf der Arbeitsfläche verteilen und einen Pizzateigling darauflegen. Diesen mit den Fingern und Handflächen ausbreiten, bis er einen Durchmesser von ca. 32 cm erreicht. Dabei einen Pizzarand von ca. 1 cm etwas erhöht lassen. In der Mitte sollte die Pizza nicht zu dünn sein, da sie viel und dadurch schweren Belag bekommen wird.

Die Tomatensauce kreisförmig von innen nach außen auf dem Pizzaboden verteilen und dabei den Rand frei lassen. Das aufgetaute Seafood darauf verteilen und die Pizza im heißen Ofen backen. Dabei genau beobachten und, falls nötig, immer wieder drehen. Nach etwa 90 Sekunden, wenn die Pizza goldbraun gebacken ist, aus dem Ofen nehmen.

Nun die Miesmuscheln und den Kaisergranat auf die Pizza legen. Petersilie waschen, trocken schütteln und die Blätter abzupfen. Einen Spritzer Zitronensaft auf die heiße Pizza geben, mit Petersilie dekorieren und anschließend servieren.

## *Variante*

*Ganz traditionell wird die Pizza Frutti di Mare ohne Käse serviert. Wenn du Käseliebhaber*in bist, kannst du die Pizza zusätzlich mit Mozzarella belegen. Die Meeresfrüchte können ebenfalls nach Belieben gewählt werden.*

# PIZZA SALSICCIA

*piccante*

*1 Pizza (Ø ca. 32 cm)*

*10 Min. Zubereitung + 60–90 Sek. Backzeit*

## ZUTATEN

1 Portion Pizzateig nach Wahl (280 g, siehe S. 34–37)

80 g neapolitanische Tomatensauce (siehe S. 48)

90 g Fior di latte (Mozzarella)

70 g Salsiccia piccante

Semola

Chiliöl (nach Belieben)

## ZUBEREITUNG

Den Pizzateig nach Rezept zubereiten. Nach der Gehzeit des Teiges den Pizzaofen mindestens 30 Minuten vorheizen, bis er eine Temperatur von ca. 500 °C erreicht hat. Die Tomatensauce nach Rezept zubereiten. Den Mozzarella in Stifte und die Salsiccia in dünne Scheiben schneiden.

Etwas Semola auf der Arbeitsfläche verteilen und einen Pizzateigling darauflegen. Diesen mit den Fingern und Handflächen ausbreiten, bis er einen Durchmesser von ca. 32 cm erreicht. Dabei einen Pizzarand von ca. 1 cm etwas erhöht lassen.

Die Tomatensauce gleichmäßig auf dem Pizzaboden verteilen und diesen anschließend mit Käse belegen. Die Salamischeiben sehr eng auf der Pizza verteilen. Die Salami wird sich während des Backens stark zusammenziehen, deshalb die Pizza sehr großzügig damit belegen.

Die Pizza 60–90 Sekunden im heißen Ofen backen. Dabei, wenn nötig, die Pizza immer wieder drehen. Wenn der Pizzaboden kross ist, der Pizzarand dunkelbraune Flecken aufweist und der Salamirand sich leicht nach oben krümmt, die Pizza aus dem Backofen nehmen. Nach dem Backen kann je nach Belieben der Schärfe noch mit Chiliöl nachgeholfen werden.

## Variante

Für alle Käseliebhaber*innen kann ich diese Pizza auch mit leckerem Blauschimmelkäse empfehlen. In diesem Fall würde ich etwas weniger Fior di latte nehmen und zusätzlich 40 g Gorgonzola piccante zur Pizza hinzufügen.

# PIZZA DIAVOLA

*die höllisch Scharfe*

*1 Pizza (Ø ca. 32 cm)*

*10 Min. Zubereitung + 2–3 Min. Backzeit*

## ZUTATEN

1 Portion Pizzateig nach Wahl (280 g, siehe S. 34–47)

80 g neapolitanische Tomatensauce (siehe S. 48)

80 g Fior di latte (Mozzarella)

60 g Salsiccia piccante

20 g milde Peperoni (Glas)

Semola

Knoblauchöl (nach Belieben)

## ZUBEREITUNG

Den Pizzateig nach Rezept zubereiten. Nach der Gehzeit des Teiges den Pizzaofen mindestens 30 Minuten vorheizen, bis er eine Temperatur von ca. 450 °C erreicht hat. Die Tomatensauce nach Rezept zubereiten.

Für den Belag den Mozzarella in Stifte und die Salami in dünne Scheiben schneiden. Die Peperoni aus dem Glas nehmen und abtropfen lassen.

Etwas Semola auf der Arbeitsfläche verteilen und einen Pizzateigling darauflegen. Diesen mit den Fingern und Handflächen ausbreiten, bis er einen Durchmesser von ca. 32 cm erreicht. Dabei einen Pizzarand von ca. 1 cm etwas erhöht lassen.

Die Tomatensauce gleichmäßig auf dem Pizzaboden verteilen und diesen anschließend mit Käse belegen. Zuletzt mit Salsiccia piccante und Peperoni belegen. Die Pizza 2–3 Minuten bei 400–450 °C backen. Dabei die Pizza gegebenenfalls nach 1–2 Minuten wenden. Je nach Geschmack nach dem Backen etwas Knoblauch-öl über die Pizza tröpfeln und diese servieren.

# WALDIS SOMMERPIZZA
## mit Schinken & Rucola

*1 Pizza (Ø ca. 32 cm)*

*20 Min. Zubereitung + 2–3 Min. Backzeit*

### ZUTATEN

1 Portion Pizzateig »Der perfekte Pizzateig« (280 g, siehe S. 37)

80 g neapolitanische Tomatensauce (siehe S. 48)

1 Handvoll Bio-Rucola

15 g Parmesan

90 g Fior di latte (Mozzarella)

Semola

10 g Natives Olivenöl extra

50 g italienischer Parmaschinken (in dünnen Scheiben)

Balsamicocreme (nach Belieben)

### ZUBEREITUNG

Den Pizzateig nach Rezept zubereiten. Nach der Gehzeit des Teiges den Pizzaofen mindestens 30 Minuten vorheizen, bis er eine Temperatur von ca. 450 °C erreicht hat. Die Tomatensauce nach Rezept zubereiten.

Den Rucola waschen und trocken schütteln. 5 g Parmesan ganz fein reiben und den Rest in Splitter reiben oder schneiden. Den Mozzarella in Stifte schneiden.

Etwas Semola auf der Arbeitsfläche verteilen und einen Pizzateigling darauflegen. Diesen mit den Fingern und Handflächen ausbreiten, bis er einen Durchmesser von ca. 32 cm erreicht. Dabei einen Pizzarand von ca. 1 cm etwas erhöht lassen.

Die Tomatensauce gleichmäßig auf dem Pizzaboden verteilen, dabei einen Rand lassen. Den Mozzarella grob auf dem Pizzaboden verteilen und den fein geriebenen Parmesan darüberstreuen. Anschließend in einer kreisförmigen Bewegung etwas Olivenöl auf die Pizza geben.

Die Pizza für 2–3 Minuten im heißen Ofen backen, dabei gegebenenfalls nach 1 Minute wenden, sodass alle Seiten der Pizza leicht braun sind. Wenn der Pizzaboden schön kross ist und der Pizzarand braune Flecken hat, ist sie fertig gebacken.

Nach dem Backen Rucola, Schinken und Parmesan auf der Pizza verteilen. Nach Belieben etwas Balsamicocreme darüber träufeln.

## Tipp

*Wer lieber eine vegetarische Variante von diesem Rezept machen möchte, kann den Parmaschinken durch bunte Kirschtomaten ersetzen und hat dadurch eine ebenso erfrischende Sommerpizza.*

# PIZZA SICILIA

## mit Scamorza & Nduja

*1 Pizza (Ø ca. 32 cm)*

*15 Min. Zubereitung + 60–90 Sek. Backzeit*

### ZUTATEN

1 Portion Pizzateig nach Wahl (280 g, siehe S. 34–47)

80 g neapolitanische Tomatensauce (siehe S. 48)

80 g geräucherter Scamorza

6 Kirschtomaten

Semola

60 g Nduja (pikante Wurst)

Basilikumblätter

Natives Olivenöl extra (nach Belieben)

### ZUBEREITUNG

Den Pizzateig nach Rezept zubereiten. Nach der Gehzeit des Teiges den Pizzaofen mindestens 30 Minuten vorheizen, bis er eine Temperatur von ca. 500 °C erreicht hat. Die Tomatensauce nach Rezept zubereiten.

Den Scamorza in etwa 3 mm dünne Scheiben schneiden, die Kirschtomaten waschen und halbieren.

Etwas Semola auf der Arbeitsfläche verteilen und einen Pizzateigling darauflegen. Diesen mit den Fingern und Handflächen ausbreiten, bis er einen Durchmesser von ca. 32 cm erreicht. Dabei einen Pizzarand von ca. 1 cm etwas erhöht lassen.

Die Tomatensauce gleichmäßig auf dem Pizzaboden verteilen, dabei einen Rand frei lassen. Nun den Mozzarella darauf verteilen und anschließend mit einem kleinen Löffel 10–15 Kleckse Nduja daraufgeben.

Die Pizza in den heißen Ofen schieben und 60–90 Sekunden backen. Dabei die Pizza beobachten und gegebenenfalls wenden. Wenn der Pizzaboden und -rand kross sind, die Pizza aus dem Ofen herausholen. Die ofenfrische Pizza mit den halbierten Kirschtomaten, 2–3 Basilikumblättern und nach Belieben Olivenöl garnieren.

# PIZZA PESTO

## mit Schinken & Parmesan

*1 Pizza (Ø ca. 32 cm)*

*15 Min. Zubereitung + 60–90 Sek. Backzeit*

### ZUTATEN

1 Portion Pizzateig nach Wahl (280 g, siehe S. 34–47)

80 g neapolitanische Tomatensauce (siehe S. 48)

80 g weißen Scamorza

10 g Parmesan

Semola

20 g grünes Pesto

40 Prosciutto crudo (in Scheiben)

Chili-Honig (nach Belieben)

### ZUBEREITUNG

Den Pizzateig nach Rezept zubereiten. Nach der Gehzeit des Teiges den Pizzaofen mindestens 30 Minuten vorheizen, bis er eine Temperatur von etwa 500 °C erreicht hat. Die Tomatensauce nach Rezept zubereiten.

Für den Belag den Scamorza in etwa 3 mm dünne Scheiben schneiden und den Parmesan in Splitter reiben oder schneiden.

Etwas Semola auf der Arbeitsfläche verteilen und einen Pizzateigling darauflegen. Diesen mit den Fingern und Handflächen ausbreiten, bis er einen Durchmesser von ca. 32 cm erreicht. Dabei einen Pizzarand von ca. 1 cm etwas erhöht lassen. Die Tomatensauce gleichmäßig auf dem Teig verteilen, dabei den Rand frei lassen. Den Mozzarella darauf verteilen.

Die Pizza im heißen Ofen für 1–2 Minuten backen. Dabei die Pizza beobachten und gegebenenfalls nach 1 Minute wenden. Die Pizza aus dem Ofen nehmen, wenn der Boden und der Rand kross und leicht braun sind.

Mit einem kleinen Löffel ungefähr 7–10 kleine Kleckse Pesto auf der Pizza verteilen, den Schinken dazwischen legen und die Pizza mit den Parmesansplittern dekorieren. Je nach Geschmack etwas Chili-Honig über die Pizza träufeln. Die Pizza in 6–8 Stücke schneiden und servieren.

# WALDIS *Speciale*

*1 Pizza (Ø ca. 32 cm)*

*30 Min. Zubereitung + 2–3 Min. Backzeit*

## ZUTATEN

1 Portion Pizzateig »Der perfekte Pizzateig« (280 g, siehe S. 37)

60 g neapolitanische Tomatensauce (siehe S. 48)

10 g Natives Olivenöl extra

35 g Rinderhackfleisch

Salz, Peffer

60 g Fior di latte (Mozzarella)

35 g Salsiccia piccante

Semola

40 g Gorgonzola piccante

**Außerdem**

1 tiefe Pfanne

## ZUBEREITUNG

Den Pizzateig nach Rezept zubereiten. Nach der Gehzeit des Teiges den Pizzaofen mindestens 30 Minuten vorheizen, bis er eine Temperatur von etwa 450 °C erreicht hat. Die Tomatensauce nach Rezept zubereiten.

Für den Belag Olivenöl in einer Pfanne bei höchster Stufe erhitzen, bis es heiß und sehr flüssig ist. Das Hackfleisch in die Pfanne geben und 2 Minuten anbraten. Anschließend mit Salz und Pfeffer würzen und umrühren. Das Hackfleisch weiterbraten, bis es schön braun ist, und dann zur Seite stellen. Den Mozzarella in Stifte und die Salami in dünne Scheiben schneiden.

Etwas Semola auf der Arbeitsfläche verteilen und einen Pizzateigling darauflegen. Diesen mit den Fingern und Handflächen ausbreiten, bis er einen Durchmesser von ca. 32 cm erreicht. Dabei einen Pizzarand von ca. 1 cm etwas erhöht lassen. Darauf achten, dass der Boden nicht zu dünn wird, da diese Pizza viel Belag hat und sehr schwer ist.

Tomatensauce in die Mitte des Pizzateiges geben und mit einem Löffel kreisförmig von innen nach außen verteilen. Anschließend zuerst mit Mozzarella und dann mit Salsiccia piccante belegen. Mit einem Löffel Hackfleisch auf die Pizza geben und anschließend ca. 8 kleine Stücke Gorgonzola darauf verteilen.

Die Pizza in den heißen Ofen schieben und etwa 2–3 Minuten bei 400–450 °C backen. Die Pizza beobachten und gegebenenfalls nach 1–2 Minuten wenden. Wenn der Gorgonzola verlaufen und der Pizzarand schön braun ist, ist die Pizza fertig gebacken.

## Tipp

*Wenn du zusätzlich noch etwas Schärfe möchtest, dann empfehle ich dir, etwas Chilipulver oder selbstgemachtes Chili-Öl zu verwenden.*

# PIZZA BURRATA

## mit Rucola & Tomaten

VEGGIE

*1 Pizza (Ø ca. 32 cm)*

*15 Min. Zubereitung + 2–3 Min. Backzeit*

### ZUTATEN

1 Portion Pizzateig »Canotto-Style« (280 g, siehe S. 44)

80 g neapolitanische Tomatensauce (siehe S. 48)

1 Handvoll Bio-Rucola

80 g bunte Kirschtomaten

1 Burrata

Semola

10 g Natives Olivenöl extra

### Info

*Bei dieser Trendpizza wird auf ein backstarkes Mehl mit einem hohen W-Wert und Proteingehalt zurückgegriffen. Dadurch ist eine Gare mit bis zu 72 Std. möglich, die für einen hohen »Schlauchboot«-Rand (ital. Canotto) sorgt. Dieser zeitgenössischen Pizza sind keine Grenzen gesetzt – sei kreativ und entwickle deine eigene Kreation.*

### ZUBEREITUNG

Den Pizzateig nach Rezept zubereiten. Nach der Gehzeit des Teiges den Pizzaofen mindestens 30 Minuten vorheizen, bis er eine Temperatur von etwa 420 °C erreicht hat. Die Tomatensauce nach Rezept zubereiten.

Den Rucola waschen und trocken schütteln. Die Kirschtomaten waschen und halbieren. Den Burrata ganz vorsichtig aus der Lake nehmen und abtropfen lassen.

Etwas Semola auf der Arbeitsfläche verteilen und einen Pizzateigling darauflegen. Diesen mit den Fingern und Handflächen ausbreiten, bis er einen Durchmesser von ca. 32 cm erreicht. Dabei einen Pizzarand von ca. 1 cm etwas erhöht lassen. Die Tomatensauce gleichmäßig auf dem Teig verteilen, dabei den Rand frei lassen.

Einen Schuss Olivenöl auf die Pizza geben und in den heißen Ofen schieben. Für 2–3 Minuten bei etwa 400° C backen und zwischendurch wenden, damit alle Seiten gut durchgebacken sind. Die Pizza aus dem Ofen holen, mit Rucola und Tomaten belegen und den Burrata mittig darauf platzieren. Die Pizza servieren. Den Burrata vorsichtig in der Mitte durchschneiden und nach Belieben auf der Pizza verteilen.

# PIZZA Stracciatella

VEGGIE

*1 Pizza (Ø ca. 32 cm)*

*30 Min. Zubereitung + 2–3 Min. Backzeit*

## ZUTATEN

1 Portion Pizzateig »Canotto-Style« (280 g, siehe S. 44)

80 g neapolitanische Tomatensauce (siehe S. 48)

1 Knoblauchzehe

1 Aubergine

1 Zucchini

Natives Olivenöl extra

Pfeffer, Salz

Semola

80 g Stracciatella (Mozzarella in Sahne)

Basilikumblätter

**Außerdem**

1 Grillpfanne

## ZUBEREITUNG

Den Pizzateig nach Rezept zubereiten. Nach der Gehzeit des Teiges den Pizzaofen mindestens 30 Minuten vorheizen, bis er eine Temperatur von etwa 420 °C erreicht hat. Die Tomatensauce nach Rezept zubereiten.

Den Knoblauch schälen und klein hacken. Die Aubergine waschen, putzen und der Länge nach in ca. 5 mm dicke Scheiben schneiden. Die Zucchini waschen, putzen und in 5 mm dicke runde Scheiben schneiden. Olivenöl in einer Grillpfanne bei mittlerer bis hoher Temperatur erhitzen. Den Knoblauch darin 1 Minute anbraten. Die Auberginen- und Zucchinischeiben nacheinander vorsichtig in die Pfanne legen, mit Salz und Pfeffer würzen und beidseitig weich braten, bis sie die typischen Grillstreifen aufweisen.

Etwas Semola auf der Arbeitsfläche verteilen und einen Pizzateigling darauflegen. Diesen mit den Fingern und Handflächen ausbreiten, bis er einen Durchmesser von ca. 32 cm erreicht. Dabei einen Pizzarand von ca. 1 cm etwas erhöht lassen. Die Tomatensauce gleichmäßig auf dem Teig verteilen, dabei den Rand frei lassen.

Die Pizza mit jeweils 5 Scheiben Aubergine und Zucchini belegen und in den heißen Ofen schieben. Für 2–3 Minuten bei etwa 400 °C backen, dabei die Pizza beobachten und gegebenenfalls nach 1–2 Minuten wenden. Wenn Boden und Rand leicht knusprig und braun sind, die Pizza aus dem Ofen nehmen.

Zuletzt den Stracciatella auf der Pizza verteilen und anschließend mit Basilikum dekorieren. Die Pizza in 6–8 Stücke schneiden und noch heiß servieren.

# PIZZA Verdura

VEGGIE

*1 Pizza (Ø ca. 32 cm)*

*30 Min. Zubereitung + 2–3 Min. Backzeit*

## ZUTATEN

1 Portion Pizzateig nach Wahl (280 g, siehe S. 34–47)

80 g neapolitanische Tomatensauce (siehe S. 48)

80 g Fior di latte (Mozzarella)

1 Aubergine

1 Zucchini

½ gelbe Paprika (ca. 25 g)

½ rote Paprika (ca. 25 g)

Natives Olivenöl extra

Salz, Pfeffer

Semola

Parmesan (nach Belieben)

**Außerdem**

1 Grillpfanne

## ZUBEREITUNG

Den Pizzateig nach Rezept zubereiten. Nach der Gehzeit des Teiges den Pizzaofen mindestens 30 Minuten vorheizen, bis er eine Temperatur von 400–450 °C erreicht hat. Die Tomatensauce nach Rezept zubereiten.

Den Fior di latte in dünne Streifen schneiden. Das Gemüse waschen und putzen. Aubergine und Zucchini quer in 5 mm dicke, runde Scheiben schneiden. Die Paprika vierteln und in 3 cm dicke Streifen schneiden. Olivenöl in einer Grillpfanne bei mittlerer bis hoher Temperatur erhitzen. Nach und nach je 5 Auberginen- und Zucchinischeiben sowie die Paprika in die Pfanne legen, mit Salz und Pfeffer würzen und beidseitig braten, bis das Gemüse die typischen Grillstreifen aufweist.

Während das Gemüse in der Pfanne brutzelt, eine Teigkugel aus der Pizzaballenbox nehmen und auf eine mit Semola bedeckte Arbeitsfläche legen. Diesen mit den Fingern und Handflächen ausbreiten, bis er einen Durchmesser von ca. 32 cm erreicht. Dabei einen Pizzarand von ca. 1 cm etwas erhöht lassen. Die Tomatensauce gleichmäßig auf dem Teig verteilen, dabei den Rand frei lassen.

Die Pizza zunächst mit Mozzarella belegen, dann das Gemüse gleichmäßig darauf verteilen. In den heißen Ofen schieben und etwa 2–3 Minuten backen. Dabei beobachten und, wenn nötig, in regelmäßigen Abständen drehen. Wenn die Pizza goldbraun gebacken ist, ist sie fertig. Wenn gewünscht, den Parmesan fein reiben und über die ofenfrische Pizza streuen.

## Variante

*Die Zutaten kannst du natürlich austauschen oder die Pizza mit zusätzlichen Gemüsesorten wie Pilzen, Brokkoli oder Tomaten belegen. Ein weiteres optionales Highlight für diese Pizza ist eine Parmesancreme, die nach dem Backen in Streifenform über die Pizza gegeben wird. Nicht nur geschmacklich, sondern auch optisch ein Hingucker. Die Pizza kann ebenfalls als vegane Variante, also ohne Käse, zubereitet werden.*

# PIZZA PRIMAVERA

## mit Spargel & Mais

VEGAN

*1 Pizza (Ø ca. 32 cm)*

*30 Min. Zubereitung + 2–3 Min. Backzeit*

### ZUTATEN

1 Portion Pizzateig nach Wahl (280 g, siehe S. 34–47)

80 g neapolitanische Tomatensauce (siehe S. 48)

1 Zucchini

100 g grüner Spargel

30 g Kirschtomaten

Natives Olivenöl extra

Semola

15 g Mais (Dose)

20 g schwarze, entsteinte Oliven

Knoblauchöl (alternativ Chili-Öl, nach Belieben)

**Außerdem**

1 Grillpfanne

### ZUBEREITUNG

Den Pizzateig nach Rezept zubereiten. Nach der Gehzeit des Teiges den Pizzaofen mindestens 30 Minuten vorheizen, bis er eine Temperatur von etwa 400–450 °C erreicht hat. Die Tomatensauce nach Rezept zubereiten.

Zucchini, Spargel und Tomaten waschen und putzen. Zucchini quer in 5 mm dicke, runde Scheiben schneiden, Spargel und Tomaten halbieren. Olivenöl in einer Grillpfanne bei mittlerer bis höchster Temperatur erhitzen. Zucchini und Spargel in die Pfanne geben und 5–10 Minuten anbraten, bis sie eine leichte Bräune oder die typischen Grillstreifen bekommen.

Etwas Semola auf der Arbeitsfläche verteilen und einen Pizzateigling darauflegen. Diesen mit den Fingern und Handflächen ausbreiten, bis er einen Durchmesser von ca. 32 cm erreicht. Dabei einen Pizzarand von ca. 1 cm etwas erhöht lassen. Die Tomatensauce gleichmäßig auf dem Teig verteilen, dabei den Rand frei lassen.

Den Spargel sowie 6 Scheiben Zucchini, Mais, Oliven und Kirschtomaten auf der Pizza verteilen. Die Pizza in den heißen Ofen schieben und 2–3 Minuten backen. Dabei die Pizza beobachten und gegebenenfalls nach 1–2 Minuten wenden. Nach Belieben die Pizza mit Knoblauchöl beträufeln und anschließend servieren.

# CALZONE CLASSICA

*die leckere Pizzatasche*

*1 Calzone*

*20 Min. Zubereitung + 3–5 Min. Backzeit*

## ZUTATEN

- 1 Portion Single-Pizzateig (280 g siehe S. 36)
- 30 g neapolitanische Tomatensauce (siehe S. 48)
- 40 g Fior di latte (Mozzarella)
- 25 g Salami Cacciatore
- 20 g Champignons
- 25 g Prosciutto cotto
- Semola

## ZUBEREITUNG

Den Pizzateig nach Rezept zubereiten. Nach der Gehzeit des Teiges den Pizzaofen mindestens 30 Minuten vorheizen, bis er eine Temperatur von 350 °C erreicht hat. Die Tomatensauce nach Rezept zubereiten.

In der Zwischenzeit den Mozzarella würfeln und die Salami in Streifen schneiden. Pilze waschen und putzen und zusammen mit dem Prosciutto in dünne Scheiben schneiden.

Etwas Semola auf der Arbeitsfläche verteilen und einen Pizzateigling darauflegen. Diesen mit den Fingern und Handflächen ausbreiten, bis er einen Durchmesser von ca. 32 cm erreicht. Auf eine Hälfte des Teiges die Tomatensauce geben und dabei einen Rand von ca. 2 cm lassen.

Den Mozzarella, die Salami, den Schinken sowie die Champignons auf der Sauce verteilen. Die leere Seite des Teiges auf die befüllte Seite klappen. Den Rand mit den Fingern oder einer Gabel gut zusammendrücken, sodass sich dieser beim Backen nicht löst und fest verschlossen bleibt. Um die Form eines Halbmondes zu bekommen, die beiden Enden der Calzone etwas lang und nach innen ziehen.

Die Calzone mit dem Pizzaschieber aufnehmen und 3–5 Minuten backen. Wenn sie schön aufgegangen und knusprig ist, ist deine Calzone fertig.

## Tipp

*Die Calzone geht in die Höhe, deshalb benötigst du einen erhöhten Backraum, sodass die Pizza nach oben hin genügend Platz hat.*

# CALZONE Napoletana

*1 Calzone*

*20 Min. Zubereitung + 3–5 Min. Backzeit*

## ZUTATEN

1 Portion neapolitanischer Pizzateig (280 g, siehe S. 34)

15 g neapolitanische Tomatensauce (siehe S. 48)

40 g Fior di latte (Mozzarella)

30 g Salami Napoli

10 g Parmesan

Semola

60 g Ricotta

Basilikumblätter, Pfeffer

10 g Natives Olivenöl extra

### Tipp

***Die Calzone geht in die Höhe, deshalb benötigst du einen erhöhten Backraum, sodass die Pizza nach oben Platz hat.***

**Waldis Videoanleitung für das Rezept unter** https://www.youtube.com/watch?v=V0oQgGGq6U8

## ZUBEREITUNG

Den Pizzateig nach Rezept zubereiten. Nach der Gehzeit des Teiges den Pizzaofen mindestens 30 Minuten vorheizen, bis er eine Temperatur von 350 °C erreicht hat. Die Sauce nach Rezept zubereiten.

Den Mozzarella in Würfel und die Salami in dünne Streifen schneiden. Den Parmesan fein reiben.

Etwas Semola auf der Arbeitsfläche verteilen und einen Pizzateigling darauflegen. Diesen mit den Fingern und Handflächen ausbreiten, bis er einen Durchmesser von ca. 32 cm erreicht. Auf einer Hälfte des Teiges den Ricotta verstreichen, dabei einen Rand von ca. 2 cm lassen. Ein paar Mozzarellawürfel beiseitelegen, den Rest zusammen mit der Salami auf der Pizza verteilen. Mit Basilikumblättern garnieren und mit Pfeffer würzen.

Die leere Seite des Teiges auf die befüllte Seite klappen und den Rand mit den Fingern oder einer Gabel gut zusammendrücken, sodass sich dieser beim Backen nicht löst. Mittig in die Oberfläche ein kleines Luftloch einreißen, so kann die Feuchtigkeit austreten.

Die Oberfläche mit 1–2 EL Tomatensauce bestreichen und den Rest des Mozzarellas darauf verteilen. Parmesan und 2–3 Basilikumblätter darüber streuen und einen Schuss Olivenöl darüber gießen.

Um die Form eines Halbmondes zu bekommen, die beiden Enden der Calzone etwas lang und nach innen ziehen. Die Calzone 3–5 Minuten backen. Wenn sie schön aufgegangen und knusprig ist und die Tomatensauce sowie der Käse leicht braune Stellen aufzeigen, ist die Calzone fertig.

## Variante

*Schon mal etwas von der Pizza Fritta gehört? Sie ist ein typisches Streetfood aus Neapel, wird an jeder Ecke verkauft und ist sehr beliebt. Sie ist mit denselben Zutaten wie die Calzone Napoletana gefüllt, wird aber nicht gebacken, sondern in heißem Fett frittiert.*

# AMERICAN PIZZA

## New York Style

VEGGIE

*1 Pizza ca. Ø 45 cm*

*10 Min. Zubereitung + 3–8 Min. Backzeit*

### ZUTATEN

1 Portion Pizzateig New York Style (300 g, siehe S. 43)

100 g Tomatensauce New York Style (siehe S. 50)

100 g Mozzarella (alternativ Emmentaler)

30 g Cheddar

Semola

2 EL getrockneter Oregano

### ZUBEREITUNG

Den Pizzateig nach Rezept zubereiten. Nach der Gehzeit des Teiges den Pizzaofen mindestens 30 Minuten vorheizen, bis er eine Temperatur von mindestens 350 °C erreicht hat. Die Sauce nach Rezept zubereiten und mindestens 30 Minuten ziehen lassen.

Die beiden Käsesorten fein reiben. Etwas Semola auf der Arbeitsfläche verteilen und einen Teigling darauflegen. Diesen mit den Fingern und Handflächen flach ausbreiten, bis er einen Durchmesser von ca. 45 cm erreicht. Der Rand kann ebenfalls flach gedrückt werden, da die gesamte Pizza dünn und knusprig werden soll.

Die Tomatensauce auf den Pizzaboden geben und mit einem Löffel gleichmäßig verteilen, dabei einen Rand von ca. 1 cm frei lassen. Die Pizza mit viel Käse belegen. Zusätzlich noch etwas getrockneten Oregano darüber streuen und in den Ofen schieben. Für 3–8 Minuten backen, bis die Pizza knusprig ist und der Käse leicht braune Flecken aufweist. Die Pizza aus dem Ofen holen, in 8 Stücke schneiden und servieren.

**Waldis Videoanleitung für das Rezept unter**
https://www.youtube.com/watch?v=1GsG9LDI_a8

## Variante

*Eine beliebte Variante ist die Pepperoni Pizza New York Style. Dafür benötigst du lediglich zusätzlich eine kleine runde Salami (engl. Pepperoni), die du nach dem Käse auf die Pizza legst und mitbäckst.*

# PINSA BUFALA

die Saftige

VEGGIE

*1 Pinsa (28 x 18 cm)*

*15 Min. Zubereitung + 3–5 Min. Backzeit*

## ZUTATEN

1 Portion Pinsateig (260 g, siehe S. 45)

70 g neapolitanische Tomatensauce (siehe S. 48)

80 g Büffelmozzarella

Reismehl

10 g Natives Olivenöl extra

Basilikumblätter

## ZUBEREITUNG

Den Pinsateig nach Rezept zubereiten und mindestens 48 Stunden gehen lassen. Am Backtag den Pizzaofen ca. 30 Minuten vor dem Zubereiten vorheizen, bis dieser eine Ofentemperatur von etwa 400 °C erreicht. Die Tomatensauce ebenfalls nach Rezept zubereiten.

Den Mozzarella aus der Lake nehmen und abtropfen lassen. Danach in 5 mm dicke Scheiben schneiden oder alternativ in Stücke reißen. Etwas Reismehl auf die Arbeitsfläche streuen. Den Pinsateig mit einem Spachtel aus der Pizzaballenbox nehmen und auf das Mehl legen. Mit den Fingern vorsichtig auseinander und in die Länge drücken. Die Form der Pinsa sollte eher oval als rund sein.

Einen Schuss Olivenöl auf den Pizzaboden geben und für 1,5 Minuten bei 350–400 °C im Ofen backen. Die Pinsa herausnehmen und Tomatensauce auf der Oberfläche verteilen. Abschließend kommt die Pinsa nochmal für etwa 2 Minuten in den Ofen, bis sie einen krossen Rand hat und etwas aufgegangen ist.

Nach dem Backen in der Länge halbieren und quer in 3–4 Stücke teilen. Zuletzt jeweils 1 Scheibe Büffelmozzarella und ein frisches Blatt Basilikum auf jedes Stück legen und servieren.

Tipp

*Pinsa kannst du gut einfrieren, denn sie wird ohnehin ohne Belag angebacken. Nach dem Backen den Boden ca. 30 Min. abkühlen lassen, luftdicht in einem Behältnis verschließen und einfrieren.*

# PINSA SAPORI

## mit Salami & Provola

*1 Pinsa (28 x 18 cm)*

*15 Min. Zubereitung + 3–5 Min. Backzeit*

### ZUTATEN

1 Portion Pinsateig (260 g, siehe S. 45)

70 g neapolitanische Tomatensauce (siehe S. 48)

80 g Provola

60 g Spianata piccante (pikante Salami)

Reismehl

10 g Natives Olivenöl extra

### ZUBEREITUNG

Den Pinsateig nach Rezept zubereiten und mindestens 48 Stunden gehen lassen. Am Backtag den Pizzaofen ca. 30 Minuten vor dem Zubereiten vorheizen, bis dieser eine Ofentemperatur von etwa 400 °C erreicht. Die Tomatensauce ebenfalls nach Rezept zubereiten.

Den Provola in 3 mm dicke Scheiben und die Spianata in 8 dünne Scheiben schneiden.

Die Arbeitsfläche mit etwas Reismehl eindecken. Eine Teigkugel mit einem Spachtel aus der Pizzaballenbox nehmen und auf das Reismehl legen. Den Pinsateig vorsichtig mit den Fingern auseinander und in die Länge drücken. Die Form der Pinsa sollte eher oval als rund sein.

Den Pinsaboden mit Olivenöl einstreichen und für 1,5 Minuten bei 350–400 °C in den Ofen schieben. Danach aus dem Ofen nehmen, Tomatensauce und Provola darauf verteilen und nochmal für 2 Minuten backen. Sobald die Pinsa aufgegangen, der Käse verlaufen und der Rand knusprig ist, ist sie fertig. Nach dem Backen in 8 Stücke schneiden und jedes Stück mit einer Scheibe Spianata belegen. Die Pinsa servieren.

# PINSA ROMA

## mit Sardellen & Oliven

*1 Pinsa (28 x 18 cm)*

*15 Min. Zubereitung + 3–5 Min. Backzeit*

### ZUTATEN

1 Portion Pinsateig (260 g, siehe S. 45)

70 g neapolitanische Tomatensauce (siehe S. 48)

20 g schwarze, entsteinte Oliven (Glas)

35 Sardellenfilets (Glas)

Reismehl

10 g Natives Olivenöl extra

1 EL frischer Oregano

### ZUBEREITUNG

Den Pinsateig nach Rezept zubereiten und mindestens 48 Stunden gehen lassen. Am Backtag den Pizzaofen ca. 30 Minuten vor dem Zubereiten vorheizen, bis dieser eine Ofentemperatur von etwa 400 °C erreicht. Die Tomatensauce ebenfalls nach Rezept zubereiten.

Die Oliven sowie Sardellen aus dem Glas nehmen und abtropfen lassen. Die Arbeitsfläche mit etwas Reismehl eindecken. Eine Teigkugel mit einer Spachtel aus der Pizzaballenbox nehmen und auf das Reismehl legen. Den Pinsateig vorsichtig mit den Fingern auseinander und in die Länge drücken. Die Form der Pinsa sollte eher oval als rund sein.

Den Pinsaboden mit Olivenöl einstreichen und für 1,5 Minuten bei 350–400 °C in den Ofen schieben. Aus dem Pizzaofen nehmen, Tomatensauce in die Mitte geben und verstreichen. Oliven und Sardellen darauf verteilen und nochmal für 2 Minuten backen. Sobald die Pinsa aufgegangen ist und einen knusprigen Rand hat, ist sie fertig. Nach dem Backen in 8 Stücke schneiden, den frischen Oregano darüber streuen und servieren.

*Kapitel 4*

# PIZZA BIANCA

# PIZZA CARBONARA

## statt Spaghetti

*1 Pizza (Ø ca. 32 cm)*

*30 Min. Zubereitung + 2–3 Min. Backzeit*

### ZUTATEN

1 Portion Pizzateig Canotto-Style (280 g, siehe S. 44)

40 g Pecorino (alternativ Parmesan)

80 g Crème fraîche

20 g Sahne

Salz, Pfeffer

80 g Guanciale (Speck)

1 Eigelb (Größe M)

Semola

**Außerdem**

1 Pfanne

### ZUBEREITUNG

Den Pizzateig nach Rezept zubereiten. Nach der Gehzeit des Teiges den Pizzaofen mindestens 30 Minuten auf höchster Stufe vorheizen.

In der Zwischenzeit die Pecorinocreme zubereiten. Dafür den Pecorino ganz fein reiben und in eine Schüssel geben. Crème Fraîche, Sahne und 1 Prise Pfeffer dazugeben und anschließend zu einer cremigen Masse verrühren.

Guanciale in 2–3 mm dicke und 3–4 cm lange Streifen schneiden und in einer Pfanne bei mittlerer bis hoher Temperatur ohne Fettzugabe für 3 Minuten anbraten. Das Eigelb mit einer Gabel verquirlen und zur Seite stellen.

Etwas Semola auf der Arbeitsfläche verteilen und einen Pizzateigling darauflegen. Diesen mit den Fingern und Handflächen ausbreiten, bis er einen Durchmesser von ca. 32 cm erreicht. Dabei einen Pizzarand von ca. 1 cm etwas erhöht lassen. Die Pecorinocreme auf dem Pizzaboden verstreichen, dabei den Rand frei lassen.

Die Pizza bei etwa 450 °C für 2 Minuten backen. Anschließend den Guanciale gleichmäßig auf der Pizza verteilen. Zuletzt das Eigelb mit einem kleinen Löffel über die Pizza träufeln. Die Pizza servieren und nach Belieben mit Salz und Pfeffer würzen. Beachte dabei jedoch, dass bereits Pfeffer in der Pecorinocreme enthalten und der Guanciale salzig ist.

# QUATTRO FORMAGGI

## Pizza »Vier Käse«

VEGGIE

*1 Pizza (Ø ca. 32 cm)*

*15 Min. Zubereitung + 2–3 Min. Backzeit*

### ZUTATEN

1 Portion Pizzateig nach Wahl (280 g, siehe S. 34–47)

50 g Fior di latte (Mozzarella)

50 g Fontina (alternativ Scamorza)

50 g Parmigiano Reggiano (alternativ Grana Padano)

Semola

50 g Gorgonzola piccante

### ZUBEREITUNG

Den Pizzateig nach Rezept zubereiten. Nach der Gehzeit des Teiges den Pizzaofen mindestens 30 Minuten vorheizen, bis er eine Temperatur von etwa 400 °C erreicht hat.

Den Mozzarella in Stifte und den Fontina in dünne Scheiben schneiden. Den Parmesan fein reiben.

Etwas Semola auf der Arbeitsfläche verteilen und einen Pizzateigling darauflegen. Diesen mit den Fingern und Handflächen ausbreiten, bis er einen Durchmesser von ca. 32 cm erreicht. Dabei einen Pizzarand von ca. 1 cm etwas erhöht lassen. Die Käsesorten gleichmäßig auf der Pizza verteilen.

Die belegte Pizza in den heißen Ofen schieben und für 2–3 Minuten backen. Dabei die Pizza beobachten und gegebenenfalls nach 1–2 Minuten wenden. Ist der Käse gut verlaufen, die Pizza Quattro Formaggi aus dem Ofen nehmen und servieren.

## Tipp

*Die Käsesorten für den Belag können ganz nach Belieben variiert werden. Mozzarella sollte am besten immer dabei sein, denn er schützt die anderen Käsesorten vorm Verbrennen.*

# BELLA MORTADELLA

## mit Büffelmozzarella & Pistazien

*1 Pizza (Ø ca. 32 cm)*

*15 Min. Zubereitung + 2–3 Min. Backzeit*

### ZUTATEN

1 Portion Pizzateig nach Wahl (280 g, siehe S. 34–47)

80 g Büffelmozzarella

80 g Mortadella

Semola

1 EL Natives Olivenöl extra

2 EL Pistazienpesto, plus nach Belieben etwas mehr

15 g gehackte Pistazien

Basilikumblätter

### ZUBEREITUNG

Den Pizzateig nach Rezept zubereiten. Nach der Gehzeit des Teiges den Pizzaofen mindestens 30 Minuten vorheizen, bis er eine Temperatur von mindestens 400 °C erreicht hat.

Den Büffelmozzarella ca. 1 Stunde vor dem Backen aus der Lake herausnehmen und in einem Sieb abtropfen lassen. Die Mortadella in dünne Scheiben schneiden.

Etwas Semola auf der Arbeitsfläche verteilen und einen Pizzateigling darauflegen. Diesen mit den Fingern und Handflächen ausbreiten, bis er einen Durchmesser von ca. 32 cm erreicht. Dabei einen Pizzarand von ca. 1 cm etwas erhöht lassen.

Das Olivenöl spiralförmig auf dem Pizzaboden verteilen und den Pizzateig leicht mit der Gabel an mehreren Stellen einstechen. So wird vermieden, dass der Teig im Ofen aufgeht. Geht er dennoch sehr stark auf, mit dem Pizzawender auf den Fladen drücken und dadurch flach halten. Den Pizzaboden für ca. 2 Minuten backen, bis dieser schön knusprig und aufgegangen ist.

Aus dem Ofen nehmen und gleichmäßig mit Pistazienpesto bestreichen. Danach die Mortadellascheiben zu einer Art Blume formen und die Pizza damit belegen. Den Büffelmozzarella in kleine Stücke reißen und auf der gesamten Pizza verteilen. Nach Belieben etwas mehr Pistazienpesto darüber träufeln. Zuletzt die Pistazien auf die Pizza streuen und mit Basilikumblättern garnieren.

Tipp

**Käse ist nicht gleich Käse!**
*Der Büffelmozzarella kann nach Belieben und Verfügbarkeit ausgetauscht werden. So kann auch Fior di latte (Mozzarella), Burrata oder Stracciatella (siehe S. 18–20) verwendet werden.*

# PIZZA SALSICCIA *e Spinaci*

*1 Pizza (Ø ca. 32 cm)*

*30 Min. Zubereitung + 2–3 Min. Backzeit*

## ZUTATEN

1 Portion Pizzateig nach Wahl (280 g, siehe S. 34–47)
Natives Olivenöl extra
40 g Blattspinat
60 g Salsiccia
Salz, Pfeffer
120 g Fior di latte (Mozzarella)
Semola
10 g Parmesan

**Außerdem**
1 Pfanne

## ZUBEREITUNG

Den Pizzateig nach Rezept zubereiten. Nach der Gehzeit des Teiges den Pizzaofen mindestens 30 Minuten vorheizen, bis er eine Temperatur von 400–450 °C erreicht hat.

In der Zwischenzeit etwas Olivenöl in einer Pfanne bei mittlerer bis höchster Stufe erhitzen. Den Blattspinat waschen, trocken tupfen und für 2–3 Minuten in der Pfanne andünsten. Auf einen separaten Teller geben und zur Seite stellen. Die Pfanne nochmals mit etwas Olivenöl erhitzen und die Salsiccia darin 2 Minuten anbraten. Mit Salz und Pfeffer würzen, umrühren und zu kleinen Stücken zerbröckeln. Weiterbraten, bis sie außen schön angebräunt ist.

Den Mozzarella in Stifte schneiden. Etwas Semola auf der Arbeitsfläche verteilen und einen Pizzateigling darauflegen. Diesen mit den Fingern und Handflächen ausbreiten, bis er einen Durchmesser von ca. 32 cm erreicht. Dabei einen Pizzarand von ca. 1 cm etwas erhöht lassen.

In einer kreisförmigen Bewegung etwas Olivenöl auf den Pizzaboden gießen und danach mit Mozzarella, Salsiccia und Spinat belegen. Die Pizza in den Ofen schieben und für etwa 2 Minuten bei 400 °C backen. Dabei die Pizza beobachten und gegebenenfalls nach 1–2 Minuten wenden. Wenn der Käse verlaufen ist und die Pizza am Rand eine schöne Bräune hat, ist sie fertig. Parmesan reiben, über die ofenfrische Pizza streuen und servieren.

# PIZZA BIANCA

## Salmone e Spinaci

*1 Pizza (Ø ca. 32 cm)*

*30 Min. Zubereitung + 2–3 Min. Backzeit*

### ZUTATEN

1 Portion Pizzateig Canotto-Style (280 g, siehe S. 44)

Natives Olivenöl extra

1 Knoblauchzehe

80 g Blattspinat

Salz, Pfeffer

5 g Pinienkerne

Semola

50 g Ricotta (alternativ Feta)

30 g geräuchertes Lachsfilet (dünne Scheiben)

**Außerdem**

1 Pfanne

### ZUBEREITUNG

Den Pizzateig nach Rezept zubereiten. Nach der Gehzeit des Teiges den Pizzaofen mindestens 30 Minuten vorheizen, bis er eine Temperatur von 400–450 °C erreicht hat.

In der Zwischenzeit etwas Olivenöl in einer Pfanne bei mittlerer bis höchster Stufe erhitzen. Knoblauch schälen, klein hacken und in die Pfanne geben. Den Spinat waschen, trocken tupfen, dazugeben, mit Salz und Pfeffer würzen und für 2–3 Minuten andünsten. Auf einen separaten Teller geben und zur Seite stellen. Die Pfanne nochmals ohne Zugabe von Fett auf mittlere Temperatur erhitzen und die Pinienkerne 2–3 Minuten anrösten.

Etwas Semola auf der Arbeitsfläche verteilen und einen Pizzateigling darauflegen. Diesen mit den Fingern und Handflächen ausbreiten, bis er einen Durchmesser von ca. 32 cm erreicht. Dabei einen Pizzarand von ca. 1 cm etwas erhöht lassen.

Den Spinat gleichmäßig auf dem Pizzaboden verteilen und mit einem kleinen Löffel ein paar Kleckse Ricotta auf die Pizza geben. Die Pizza in den Ofen schieben für ca. 2–3 Minuten backen. Nach 1–2 Minuten drehen, sodass alle Seiten gleichmäßig gebacken werden. Wenn die Pizza schön aufgegangen, luftig und kross ist, aus dem Ofen holen.

Den Lachs auf der Pizza verteilen und die gerösteten Pinienkerne darüber streuen. Pizza in 8 Stücke schneiden und servieren.

## Tipp

*Für diese Pizza eignet sich auch der Dinkel-Pizzateig (siehe S. 46) oder der Römische Teig »Pizza Tonda« (siehe S. 38) super!*

# PIZZA PATATA

## nach römischer Art

VEGGIE

*1 Pizza (Ø ca. 30 cm)*

*40 Min. Zubereitung + 3–5 Min. Backzeit*

### ZUTATEN

1 Portion Pizzateig nach Wahl (200 g, siehe S. 34–47)

80 g Blumenkohlcreme (siehe S. 51)

150 g kleine, vorwiegend festkochende Bio-Kartoffeln

Salz, Pfeffer

Semola

25 g Parmesan

10 g Natives Olivenöl extra

1 Zweig Rosmarin

### ZUBEREITUNG

Den Pizzateig und die Blumenkohlcreme nach Rezept zubereiten.

Die Kartoffeln waschen und in einem Topf mit Wasser bedecken. Das Wasser auf mittlerer Temperatur zum Kochen bringen. Salz dazugeben und für 15–25 Minuten kochen lassen, sodass die Kartoffeln bissfest sind. Je nach Größe und Sorte unterscheidet sich die Kochzeit. Während die Kartoffel kochen, den Pizzaofen für mindestens 30 Minuten vorheizen, bis er eine Temperatur von etwa 350 °C erreicht hat.

Das Kartoffelwasser abgießen und die Kartoffeln für 5–10 Minuten abkühlen lassen. Anschließend in dünne Scheiben schneiden, ohne sie zu schälen (die Schale macht sie knuspriger).

Etwas Semola auf der Arbeitsfläche verteilen und einen Pizzateigling darauflegen. Diesen mit einem Holzstab ausrollen, bis er einen Durchmesser von ca. 30 cm erreicht. Die Blumenkohlcreme auf dem Pizzaboden streichen, dabei einen Rand von 1–2 cm frei lassen. Zuerst den Parmesan reiben und großzügig auf der gesamten Pizza verteilen, danach die Kartoffelscheiben eng nebeneinander darauflegen. Einen Schuss Olivenöl darüber geben.

Die Pizza in den Ofen schieben und für 3–5 Minuten bei 320–350 °C, bis sie knusprig und braun ist. Nach dem Backen die ofenfrische Pizza mit Salz und Pfeffer würzen. Den Rosmarin waschen, trocken schütteln, die Nadeln abzupfen und auf die Pizza geben.

**Tipp**

*Ich empfehle für dieses Rezept besonders den Römischen Pizzateig »Pizza Tonda« (siehe S. 38)*

## Variante

*Eine Alternative zur Blumenkohlcreme ist eine Ricotta-Parmesan-Creme belegt mit Fior di Latte. Zusätzlich könntest du angebratenen Guanciale auf den Kartoffelscheiben verteilen.*

OLIO

Kapitel 5

# REZEPTE ANDERER PIZZAIOLI

*Pizzaiola*

# JULIA VON »MANOPASTO«

MANOPASTO   MANOPASTO.COM

## KURZE FRAGERUNDE MIT JULIA

**01 Seit wann backst du Pizza?**

Seit ca. 6 Jahren.

**02 Wie oft gibt es bei dir Pizza?**

Ein- bis dreimal die Woche, wobei dreimal eher die Ausnahme ist ;-)

**03 Was ist deine Lieblingspizza?**

Schwierig – ich finde sie alle lecker (neapolitanisch, römisch und amerikanisch)!

**04 Was begeistert dich am Pizzabacken besonders?**

Es gibt so viele unterschiedliche Arten Pizza, die auf ihre Weise einzigartig lecker sind. Pizza ist deswegen eine Wissenschaft für sich und es gibt immer wieder etwas Neues zu entdecken.

**05 Mit welchem Ofen bäckst du?**

→ Elektroofen: Effeuno P134h

→ Gas- bzw. Holz(-kohle)ofen: Ooni Koda 16 / Karu 16 / Karu 12

**06 Knetest du von Hand oder mit einer Knetmaschine?**

Beides.

**07 Deine 3 wertvollsten Pizza-Back-Tipps für die Leser*innen dieses Buches:**

→ Geeignetes Pizzamehl verwenden (der Eiweißgehalt sollte bei mind. 12 Gramm liegen).

→ Teigruhen von mind. 48 Stunden sind zu empfehlen, damit der Teig luftiger und leichter schmeckt.

→ Falls der Teig mal zu sehr klebt, diesen möglichst zu einer runden Kugel formen, abdecken und für 30 Minuten ruhen lassen. In dieser Zeit entspannt sich das Gluten ganz automatisch und die Teigstruktur wird stabiler.

!?!

mano pasto

## EIN PAAR WORTE ZU JULIAS GASTREZEPT

» Die Kombination mag im allerersten Moment überraschen, doch es verbirgt sich ein wahres Geschmackserlebnis dahinter! Denn die Süße der Süßkartoffel, die Säure der Guacamole sowie der cremige Büffelmozzarella harmonieren sehr gut miteinander. «

bitte umblättern

ZUM REZEPT GEHT ES HIERLANG!

# RÖMISCHE BLECHPIZZA

## mit Süßkartoffeln & Guacamole

*1 Blechpizza*

*30 Min. Zubereitung + 15 Min. Backzeit*

### ZUTATEN

1 Portion Römischer Pizzateig »al Taglio« (siehe S. 39)

1 große Süßkartoffel

3 EL Natives Olivenöl extra, plus etwas mehr

Salz, Pfeffer

1 Avocado

1 Knoblauchzehe

¼ Zwiebel

½ Tomate

¼ Salatgurke

Saft von ½ Zitrone

1 Büffelmozzarella (125 g)

### ZUBEREITUNG

Den Teig nach Rezept zubereiten. Am Backtag die Süßkartoffel schälen, waschen und in dünne Scheiben schneiden. Die Süßkartoffelscheiben anschließend in einer Schüssel mit dem Olivenöl, Salz und Pfeffer marinieren und beiseitestellen.

Den Backofen auf 250 °C (Ober-/Unterhitze) vorheizen. Für die Guacamole die Avocado schälen, entkernen in einer Schüssel mit einer Gabel zerdrücken. Den Knoblauch schälen und dazupressen. Die Zwiebel schälen und klein schneiden. Tomate und Gurke waschen, putzen und in kleine Stücke schneiden. Zwiebel, Tomate und Gurke zur Avocado geben und mit dem Zitronensaft sowie Salz und Pfeffer würzen.

Den Büffelmozzarella trocken tupfen und in kleine Stücke schneiden. In der Zwischenzeit ein Backblech mit Olivenöl einstreichen und den Ofen vorheizen (siehe S. 24). Den Teig in die Mitte des Blechs legen, mit den Fingern ausbreiten und vorsichtig in die Ecken drücken. Dabei ausschließlich mit den Fingern arbeiten und nicht mit den Handflächen. Anschließend mit den Süßkartoffelscheiben belegen. Die Pizza im heißen Ofen (mittlere Schiene) in 15 Minuten goldbraun backen. Das Blech aus dem Ofen holen, die Pizza vom Blech herunternehmen, die Guacamole kleckseweise auf der Pizza verteilen und danach den Büffelmozzarella auf die Guacamole legen. Servieren und genießen.

Tipp

*Diese Pizza eignet sich perfekt für eine Herstellung im Haushalts-backofen, da sie ganz einfach bei relativ niedrigen Temperaturen auf dem Blech gebacken wird.*

*Pizzaiolo-Blogger*

# GIOVANNI AVETA

GIOVANNIKOCHT GIOVANNI'S KÜCHE

## KURZE FRAGERUNDE MIT GIOVANNI

**01 Seit wann backst du Pizza?**

Seit 2019.

**02 Wie oft gibt es bei dir Pizza?**

Ein- bis zweimal die Woche.

**03 Was ist deine Lieblingspizza?**

Pizza Margherita und Trüffelpizza.

**04 Was begeistert dich am Pizzabacken besonders?**

Als ich in die Geburtsstadt der Pizza Napoletana geflogen bin, um die Pizza vom legendären Pizzaiolo Gino Sorbillo zu probieren, war ich nach dem ersten Bissen sofort verliebt. Das Pizzabacken begeistert mich immer wieder aufs Neue. Es macht Riesenspaß und ist eine sehr große Leidenschaft von mir geworden.

**05 Mit welchem Ofen bäckst du?**

Ooni Koda 16, Pizza Party Ardore, Effeuno, Zio Ciro.

**06 Knetest du von Hand oder mit einer Knetmaschine?**

Mit beiden Varianten kann der perfekte Teig gelingen. Der Spiralkneter vereinfacht einem die Arbeit und man kommt schneller zu einem perfekten Glutengerüst.

**07 Deine 3 wertvollsten Pizza-Back-Tipps für die Leser*innen dieses Buches:**

→ Mit niedrig hydrierten Teigen beginnen (55–65 % Wasseranteil).

→ Um ein besseres Gefühl für den Teig zu bekommen, den Teig am besten mit den Händen kneten.

→ Eiskaltes Wasser verwenden, wenn man den Teig im Spiralkneter knetet. So verhindert man, dass der Teig zu schnell Wärme annimmt und das Gluten/Klebeeiweiß kaputtgeht.

## EIN PAAR WORTE ZU GIOVANNIS GASTREZEPT

» **Diese Pizza mit violetter Kartoffelcreme, dünnen Pancettascheiben, Provola, würzigem Parmesan, frischem Basilikum und einem guten Olivenöl sorgt mit ihrem Farbspiel dafür, dass sie ein absoluter Hingucker ist.** «

# PIZZA VIOLA

*nach neapolitanischer Art*

*1 Pizza (Ø ca. 32 cm)*

*Hydration: 70 %*

*90 Min. Zubereitung + 24 Std. Gehzeit + 60–90 Sek. Backzeit*

## ZUTATEN

**Für den Teig (für 6 Pizzen)**

1 g frische Hefe

1 kg Pizzamehl (Type 00)

30 g Salz

**Für den Belag (für 1 Pizza)**

150 g violette Kartoffeln

Salz, Pfeffer

70 g Provola

10–15 g Parmigiano Reggiano (36 Monate gereift)

Semola

Basilikumblätter

45 g Pancetta (5–6 dünne Scheiben)

Natives Olivenöl extra

## ZUBEREITUNG

Für den Teig die Hefe in 700 ml kaltem Wasser in einer Schüssel auflösen. Ein Drittel des Mehls dazugeben und alles gut miteinander verrühren, bis alle Klumpen aufgelöst sind. Das Salz und nochmals ein Drittel des Mehls dazugeben und alles gut vermengen. Das letzte Drittel Mehl dazugeben und verkneten, bis eine feste Teigmasse entsteht und nichts mehr vom Teig am Schüsselrand kleben bleibt. Den Teig aus der Schüssel nehmen und auf der Arbeitsfläche 10–15 Minuten kräftig weiterkneten. Der Teig sollte eine homogene Masse sein und eine weiche, glatte Oberfläche haben.

Den Teig für 10–15 Minuten mit einem Geschirrtuch abdecken und entspannen lassen. Danach zu einer großen Kugel formen, in eine Pizzaballenbox legen, mit Deckel verschließen und für 16 Stunden bei 16–18 °C gehen lassen.

Anschließend eine Pizzaballenbox mit Semola bestreuen, den Teig in 275 g schwere Teiglinge portionieren und diese in die Box geben. Diese dann nochmal 8 Stunden bei Raumtemperatur gehen lassen.

*bitte umblättern*

HIER GEHT ES WEITER

*weiter geht's*

» Saucen und Cremes immer kalt auf die Pizza geben, da euch sonst beim Belegen der Pizzaboden zu schnell durchweicht und die Gefahr besteht, dass euch die Pizza auf der Arbeitsfläche kleben bleibt. «

Für den Belag einen großen Kochtopf zur Hälfte mit Wasser füllen und auf höchster Stufe zum Kochen bringen. In der Zwischenzeit die Kartoffeln waschen, schälen, in grobe Stücke schneiden und 8–10 Minuten kochen, bis sie sehr weich sind.

Anschließend abgießen, dabei das Kartoffelwasser auffangen und zur Seite stellen. Die Kartoffeln und einen guten Schluck Kartoffelwasser mit einem Stand- oder Stabmixer fein pürieren. Wenn dir die Kartoffelcreme zu dick erscheint, erneut etwas vom Kartoffelwasser dazugeben, um die Creme zu verdünnen. Mit Salz abschmecken. In eine Schüssel abfüllen, abdecken und im Kühlschrank komplett abkühlen lassen.

Den Pizzaofen mindestens 30 Minuten vorheizen, bis dieser ungefähr 480–500 °C hat. In der Zwischenzeit den Provola in Streifen schneiden und den Parmesan fein reiben. Etwas Semola auf die Arbeitsfläche geben. Den Teigling mit dem Spachtel aus der Box nehmen, in den Semola legen und mit den Fingern und Handflächen zu einem runden Pizzaboden ausbreiten.

Die Kartoffelcreme auf dem Teig verteilen, den Rand dabei frei lassen. Basilikum waschen, trocken schütteln, klein zupfen und darauflegen. Die Pizza mit Provola belegen, den Parmesan darüber streuen und die Pancettascheiben großflächig verteilen. Mit Pfeffer würzen, mit Olivenöl beträufeln und 60–90 Sekunden im heißen Ofen backen.

## Variante

*Diese Pizza wurde mit einem geräucherten Scamorza gebacken. Giovanni sagt, dass es mit einem Provola sogar noch besser schmeckt! Probiere am besten beide Varianten aus!*

*Pizzaiolo*

# ROBERTO SUSTA

PIZZAIOLONAPOLETANO PIZZAIOLO NAPOLETANO SUSTABLE.IT

## KURZE FRAGERUNDE MIT ROBERTO

**01 Seit wann backst du Pizza?**

Seit ich 16 Jahre alt bin.

**02 Wie oft gibt es bei dir Pizza?**

Sehr oft. Allerdings essen wir Pizza immer in Pizzaschnitten, die wir mit unter den SUSTABLE-Mitarbeiter*innen aufteilen. Ich esse so gut wie nie eine ganze Pizza.

**03 Was ist deine Lieblingspizza?**

Ich habe keine Lieblingspizza, aber ich esse gerne weiße Pizzen ohne Tomatensauce.

**04 Was begeistert dich am Pizzabacken besonders?**

Ich liebe die Zubereitung des Teigs, darin liegt die Bestimmung einer guten Pizza.

**05 Mit welchem Ofen bäckst du?**

Ich verwende ausschließlich einen holzbefeuerten Ofen.

**06 Knetest du von Hand oder mit einer Knetmaschine?**

Ich benutze eine Knetmaschine, da ich finde, dass man mit den Händen kein ausreichend gutes Glutennetz erzeugen kann.

**07 Deine 3 wertvollsten Pizza-Back-Tipps für die Leser*innen dieses Buches:**

→ Studiere alle einzelnen Elemente, aus denen ein Teig besteht, ganz genau. (Was ist Wasser? Was ist Salz? Was ist Mehl? Und was ist Hefe?)

→ Alle physikalischen und biologischen Reaktionen sind wichtig.

→ Sei neugierig und probiere alle auf dem Markt erhältlichen Mehle aus.

## ÜBER DEN PIZZAIOLO

**» Roberto Susta ist ein neapolitanischer Pizzaiolo. Im Alter von 14 Jahren trat er in die Welt der Gastronomie ein, begann seine Ausbildung zunächst als Lehrling und näherte sich dann langsam dem Ofen. Im Jahr 2013 schrieb er sich für einen kulinarischen Meisterkurs ein, um sein Wissen über die Prozesse der Pizzaherstellung zu vervollständigen. In derselben Schule wurde er Pizzaiolo-Lehrer. Im Jahr 2015 hat er in Neapel die Autolysetechnik in Mode gebracht. Im Jahr 2016 brachte er eine weitere Mode auf den Markt, die »100%-Biga-Technik«. «**

## EIN PAAR WORTE ZU ROBERTOS GASTREZEPT

» Die Erfinder der echten Pizza Fiocco sind die beiden Brüder Roberto und Salvatore Susta, die in einem Außenbezirk von Neapel eine Pizzeria namens »Sustable« besitzen. Die Idee, die hinter dieser Pizza steckt, ist eine Pizzakreation, die an ein familiäres Umfeld, Integration und Zusammensein erinnert. So ist eine Pizza mit Kartoffeln, Schinken und Käse entstanden. Wir haben Roberto nach seinem Originalrezept gefragt, damit du es auch zu Hause nachmachen kannst! «

bitte umblättern

# ORIGINAL FIOCCO Pizza

*1 Pizza (Ø ca. 33 cm)*

*45 Min. Zubereitung + 2–3 Min. Backzeit*

## ZUTATEN

1 Portion Biga-Pizzateig (300 g, siehe S. 40)

15 g Parmesan

80 g Fior di latte (Mozzarella)

130 g Kartoffeln

Salz, Pfeffer

Reismehl

70 g Panna di Cucina (alternativ Crème fraîche)

70 g Prosciutto cotto

10 g Natives Olivenöl extra

## ZUBEREITUNG

Den Pizzateig nach Rezept zubereiten. Nach der Gehzeit des Teiges den Pizzaofen mindestens 30 Minuten auf höchster Stufe vorheizen, bis er eine Temperatur von etwa 400–430 °C erreicht hat.

In der Zwischenzeit den Parmesan fein reiben, Mozzarella in grobe Stifte schneiden und das Kartoffelpüree vorbereiten. Dazu einen großen Kochtopf zur Hälfte mit Wasser füllen und auf höchster Temperaturstufe zum Kochen bringen. Kartoffeln waschen, schälen und halbieren. 1 Prise Salz zum kochenden Wasser geben und die Kartoffeln darin 10–15 Minuten kochen, bis sie bissfest sind.

Etwas Reismehl auf der Arbeitsfläche verteilen und einen Pizzateigling darauflegen. Diesen mit den Fingern und Handflächen ausbreiten, bis er einen Durchmesser von ca. 33 cm erreicht. Dabei einen Pizzarand von ca. 1 cm etwas erhöht lassen.

Die Panna di Cucina mit einem Esslöffel gleichmäßig auf dem Teig verteilen, dabei den Rand frei lassen. Den Pizzaboden mit Prosciutto bedecken und den Mozzarella darauf verteilen. Die Kartoffeln einzeln in eine Kartoffelpresse geben und im Kreis von außen nach innen die Pizza mit Kartoffelpüree bedecken. Etwas Parmesan darüberstreuen und mit Salz und Pfeffer würzen. Einen Schuss Olivenöl in einer kreisförmigen Bewegung über die Pizza träufeln. Anschließend kommt die Pizza für 2 Minuten in den Ofen.

## Tipp

*Durch die Crème fraîche, den Käse und die Kartoffeln ist es eine sehr schwere Pizza. Deshalb ist der Teig besonders wichtig. Je höher die Hydration und je länger die Gehzeit, desto leichter ist die Pizza am Ende.*

*Pizzaioli*

# TILL UND FRANKA

MEHLUNDMEHR     MEHLUNDMEHR.DE

## KURZE FRAGERUNDE MIT TILL & FRANKA

**01 Seit wann backt ihr Pizza?**

Richtig gepackt hat mich die Begeisterung fürs Pizzabacken vor 2 Jahren. U. a. durch Waldis Kanal auf YouTube wurde ich inspiriert, mich mehr mit dem Teig zu beschäftigen, und ich habe wohl fast jedes Video über Pizza gesehen, das es dort draußen gibt. Spätestens mit dem Kauf meines ersten Pizzaofens ging die Pizza-Reise richtig los. Reisebegleiterin ist meine Freundin Franka, die als angehende Konditorin bei ***mehlundmehr*** für die süßen Leckereien verantwortlich ist. Sie hat immer neue Ideen und sorgt mit ihrem Fachwissen und dem Händchen für Desserts dafür, dass das Pizzabacken und unser Instagram-Profil immer spannend bleiben.

**02 Wie oft gibt's bei euch Pizza?**

Bei uns gibt eigentlich mindestens einmal in der Woche Pizza!

**03 Was ist eure Lieblingspizza?**

Ich liebe weiße Pizzen, z. B. eine 4-Käse-Pizza mit Gorgonzola und Pfirsich-Ricotta. Frankas Lieblingspizza trägt bei uns ihren Namen und ist eine Margherita mit Büffelmozzarella, der erst nach dem Backen auf die Pizza kommt.

**04 Was begeistert euch am Pizzabacken besonders?**

Jede Pizza ist eine neue Leinwand, um sich kreativ auszuleben. Ob Teig, Sauce, Belag oder Zubereitung – Pizzabacken vereint für mich Handwerk mit Kreativität und ist so viel mehr als nur ein Hobby. Es begeistert so viele Menschen und bringt uns zusammen. Egal woher du kommst oder welchen Ofen du hast – die Pizza-Welt steht dir offen!

**05 Mit welchem Ofen backt ihr?**

Mit Gas und Holz im Ooni Koda 16 und im Ooni Karu 16

**06 Knetest du von Hand oder mit einer Knetmaschine?**

Zu Beginn habe ich von Hand geknetet. Der nächste Schritt war die Benutzung einer Küchenmaschine und nun werden die Mengen immer größer, sodass ich bald eine Knetmaschine anschaffen werde.

**07 Deine 3 wertvollsten Pizza-Back-Tipps für die Leser*innen dieses Buches:**

→ Kreativ bleiben und den eigenen Weg finden und gehen. Dabei von vielen lernen und immer offen sein für neue Rezepte und Techniken. Deine beste Pizza wird dich und deinen Geschmack repräsentieren und nicht alle anderen.

→ Weniger ist mehr! Belege die Pizza nicht mit zu vielen Zutaten und lass alle Toppings und Saucen abkühlen, bevor du die Pizza belegst. Eine Pizza, die du mit warmer Sauce bestreichst, wird dir schnell festkleben, und auch wenn sie zu schwer beladen ist, könnte sie auf dem Weg in den Ofen leicht verunglücken.

→ Gute Pizza ist kein Wettrennen. Kurze Backzeit bei sehr hoher Temperatur ist perfekt für neapolitanische Pizza. Aber ist das die Art von Pizza, die du backen möchtest? Ich zum Beispiel backe in meinem Ooni-Ofen auf der niedrigsten Stufe, damit die Pizza innerhalb von 3–4 Minuten einen schöne und gleichmäßige Kruste bekommt und der Boden für mich perfekt gebacken ist. Experimentiere mit Teigrezepten, Backzeiten und Temperaturen und finde heraus, was dir gefällt.

## EIN PAAR WORTE ZU TILLS & FRANKAS GASTREZEPT

**Wir lieben dieses Rezept mit einem 48-Stunden-Teig, der von Hand ausgebreitet wird und schön luftig ist. Lecker ist diese Pizza auch mit einem knusprig-dünnen Teig. Hier kannst du das Teigrezept deiner Wahl verwenden.**

bitte umblättern

ZUM REZEPT GEHT ES HIERLANG!

# PIZZA BIRNE mit Ziegenkäse

VEGGIE

*1 Pizza (Ø ca. 32 cm)*

*40 Min. Zubereitung + 1–10 Min. Backzeit*

## ZUTATEN

1 Portion Pizzateig nach Wahl (280 g, siehe S. 34–47)

50 g Schmand

Salz, Pfeffer

¼ Birne

50 g Ziegenkäse (alternativ Brie)

50 g Fior di Latte (Mozzarella)

1 EL Natives Olivenöl extra

1 Zweig Rosmarin

25 g Walnusskerne

Semola

1 EL Honig

1–2 EL Preiselbeeren (Glas)

## ZUBEREITUNG

Den Pizzateig nach Belieben zubereiten. Nach der Gehzeit den Pizzaofen mindestens 30 Minuten auf höchster Stufe vorheizen, bis er die optimale Temperatur erreicht hat.

In der Zwischenzeit den Schmand mit 30 ml Wasser, Salz und Pfeffer zu einer glatten Creme rühren, sodass sie sich später gut auf der Pizza verteilen lässt. Die Birne und den Ziegenkäse in dünne Scheiben schneiden. Den Fior di Latte in Streifen schneiden.

Etwas Olivenöl bei mittlerer Hitze in der Pfanne erhitzen. Rosmarin waschen, trocken schütteln, die Nadeln abzupfen und rösten, bis sie knusprig, aber noch grün sind. Die Walnüsse zugeben und leicht rösten. Pfanne vom Herd nehmen und beiseitestellen.

Etwas Semola auf der Arbeitsfläche verteilen, den Pizzateig daraufgeben und von Hand ausbreiten. Die Schmandcreme gleichmäßig auf dem Teig verteilen und mit Fior di Latte belegen. Die Birnen- und Ziegenkäsescheiben auf die Pizza geben. Den Honig mit einem Löffel gleichmäßig auf der Pizza verteilen.

Die Pizza in den Ofen schieben und je nach Ofen und Teigrezept backen. Wir empfehlen eine kurze Backzeiten bei einer hohen Temperatur in einem Pizzaofen oder mit einem Pizzastein oder Backstahl im Haushaltsbackofen. Nach dem Backen Preiselbeeren, Walnüsse und Rosmarin auf die Pizza geben.

Kapitel 6

# VORSPEISEN & SÜSSE PIZZEN

# PIZZA BROT
## *mit Knoblauchöl*

*1 Pizza (Ø 24 cm)*

*5 Min. Zubereitung + 2–3 Min. Backzeit*

### ZUTATEN

1 Portion Pizzateig nach Wahl (160 g, siehe S. 34–47)

Semola

30 g Knoblauchöl

### ZUBEREITUNG

Den Pizzateig nach Rezept zubereiten. Nach der Gehzeit des Teiges den Pizzaofen mindestens 30 Minuten vorheizen, bis er eine Temperatur von mindestens 250 °C erreicht.

Etwas Semola auf der Arbeitsfläche verteilen und einen Pizzateigling darauflegen. Diesen mit den Fingern und Handflächen zu einem runden Pizzaboden ausbreiten. Mit einer Gabel in den Teig stechen, sodass dieser kleine Luftlöcher hat und im Ofen nicht zu sehr aufgeht. Anschließend ausreichend Knoblauchöl auf den runden Teigling geben.

Das Pizzabrot in den Ofen schieben und für 2–3 Minuten backen, gegebenfalls zwischendurch wenden. Aus dem Ofen nehmen und die Pizza in Stücke schneiden und servieren.

*Tipp* *Solltest du einen Pizzateig übrig haben, dann kannst du dieses Rezept auch als Resteverwertung des Teiges nutzen. Den Teigling zu einem Pizzaboden ausbreiten und für ca. 1 Minute anbacken, abkühlen lassen und einfrieren. Nach dem Auftauen einfach mit etwas Leitungswasser befeuchten und nochmal für 1–2 Minuten backen.*

**Waldis Blogbeitrag zum Thema Knoblauchöl unter**
https://www.waldispizza.de/blog/selbstgemachtes-knoblauch-oel

## Variante

*Pizzabrote können in vielen Variationen gebacken werden. Meine Lieblingsrezepte sind mit Olivenöl und Oregano oder Meersalz. Andere mögliche Zutaten wären Trüffel- oder Chiliöl sowie Gewürze wie Thymian oder Rosmarin.*

# PIZZA BROT

## Bruschetta

*4 kleine Pizzabrote*

*40 Min. Zubereitung + 3 Min. Backzeit*

### ZUTATEN

1 Portion Pizzateig nach Wahl (280 g, siehe S. 34–47)

200 g Kirschtomaten

1 Zwiebel

2 Knoblauchzehen

Basilikumblätter

30 g Natives Olivenöl extra, plus evtl. etwas mehr

Semola

Salz, Pfeffer

Bio-Rucola (nach Belieben)

Balsamico (nach Belieben)

### ZUBEREITUNG

Den Pizzateig nach Rezept vorbereiten. Die Tomaten waschen, vierteln und in kleine Würfel schneiden. Die Zwiebel schälen, halbieren und ebenfalls klein würfeln. Knoblauch schälen und klein hacken. Die Basilikumblätter waschen und klein schneiden. Alle Zutaten in einer Schüssel mit dem Olivenöl verrühren. In den Kühlschrank stellen und für mindestens 30 Minuten ziehen lassen.

In der Zwischenzeit den Pizzaofen vorheizen, bis er eine Temperatur von etwa 300–350 °C erreicht hat.

Etwas Semola auf der Arbeitsfläche verteilen und einen Pizzateigling darauflegen. Den Teigling mit einem Spachtel oder einem Teigschneider in der Mitte trennen. Die beiden Pizzateiglinge nicht drücken oder ausrollen, lediglich in eine ovale Form bringen. In den Ofen schieben und für 2–3 Minuten backen.

Die Pizzateigsemmeln aus dem Ofen nehmen und etwa 3 Minuten abkühlen lassen. In der Zwischenzeit die Bruschetta-Masse mit Salz und Pfeffer würzen und gegebenenfalls noch etwas Olivenöl dazugeben. Alles gut vermischen. Die Pizzabrötchen jeweils in der Mitte aufschneiden. Mit einem Löffel die Bruschetta-Masse auf die Brötchenhälften geben. Nach Belieben mit Rucola und Balsamico garnieren und anschließend servieren.

# MINI PIZZEN

## mit dreierlei Belag

*2 Pizzen (Ø je 16 cm)*

*10 Min. Zubereitung + 5–7 Min. Backzeit*

### ZUTATEN

1 Portion Pizzateig nach Wahl (280 g, siehe S. 34–47)

70 g neapolitanische Tomatensauce (siehe S. 48)

80 g Fior di latte (Mozzarella)

1 Handvoll Bio-Rucola

5 g Parmesan

Semola

3 Scheiben Salami Cacciatore

1 Scheibe Parmaschinken

### ZUBEREITUNG

Den Pizzateig und die Tomatensauce nach Rezept zubereiten. Sind Mini-Pizzen geplant, kannst du bereits beim Portionieren kleinere Teigkugeln formen. Sind große Pizzateiglinge übrig, können diese einfach halbiert werden. Dabei versuchen, den Teigling so rund wie möglich zu halten.

Nach der Gehzeit des Teiges den Pizzaofen mindestens 30 Minuten vorheizen, bis er eine Temperatur von mindestens etwa 300–350 °C erreicht. In der Zwischenzeit den Mozzarella in Stifte schneiden, den Rucola waschen und trocken tupfen. Den Parmesan in Splitter reiben.

Etwas Semola auf einer Arbeitsfläche verteilen und einen Pizzateigling darauflegen. Den Teigling mit einem Spachtel oder einem Teigschneider in der Mitte trennen und jeweils zu einem runden Teigfladen mit einem Durchmesser von 16 cm ausbreiten.

Auf beiden Mini-Pizzen gleichmäßig die Tomatensauce verstreichen und die Pizzen für ca. 2 Minuten backen. Anschließend mit Mozzarella und die zweite Pizza zusätzlich mit Salami belegen. Beide Pizzen nochmals für ca. 3–5 Minuten knusprig und braun backen. Aus dem Backofen herausnehmen und die Pizza Margherita mit Rucola, Parmaschinken und Parmesan belegen. Die Mini-Pizzen warm servieren oder abkühlen lassen. Kalt können sie als Fingerfood gegessen oder auch super eingefroren werden.

## Tipp

*Diese Mini-Pizzen sind ideal, um Gäste mit einem leckeren Snack zu versorgen oder um Restteig zu verwerten. Je nachdem, welche Zutaten noch zu Hause sind, oder welche Vorlieben es gibt, können die kleinen Pizzen individuell belegt werden.*

# PIZZA PANINI

## mit Pistaziencreme

*15 Panini*

*5 Min. Zubereitung + 2–5 Min. Backzeit*

### ZUTATEN

1 Portion Pizzateig nach Wahl (280 g, siehe S. 34–47)

Semola

Pistaziencreme (alternativ Schokoladencreme)

### ZUBEREITUNG

Den Teig auswählen und nach Rezept zubereiten oder bereits vorbereitete Teigreste verwerten. Den Ofen für etwa 30 Minuten vorheizen, bis er eine Temperatur von 300-350 °C erreicht.

Etwas Semola auf einer Arbeitsfläche verteilen und einen Pizzateigling darauflegen. Den Teigling mit einem Spachtel oder einem Teigschneider in etwa 15 gleichgroße Panini teilen. Die Teigstücke nicht drücken oder ausrollen.

Ein Backblech mit Backpapier auslegen und die Panini drauflegen. In den heißen Ofen schieben und für 2–5 Minuten backen. Dabei gut beobachten, da die Brötchen sehr schnell braun werden. Anschließend für ca. 5 Minuten abkühlen lassen. Nach Belieben mit Pistaziencreme oder Schokoladencreme als Nachtisch servieren.

**Variante** *Panini sind echte Allrounder. Die Pizza-Panini eignen sich auch ideal als Vorspeise. Ob aus Rest-Pizzateig oder frisch gebacken, sie können perfekt als Beilage zu Salaten, Antipasti oder deftigen Aufstrichen serviert werden. Außerdem können die Panini nach dem Backen und anschließender Abkühlung sehr gut eingefroren werden.*

Tipp

*Dieses Rezept eignet sich hervorragend zur Verwertung von übrigen Teigresten.*

# SÜSSE PIZZA

## Himbeer-Pistazien-Traum

*1 Pizza (Ø ca. 26 cm)*

*25 Min. Zubereitung + 2 Min. Backzeit*

### ZUTATEN

1 Portion Pizzateig nach Wahl (200 g, siehe S. 34–47)

20 g Joghurt

100 g Mascarpone

10 g weiße Schokoladensplitter

Semola

10 Mini-Marshmallows

15 Himbeeren

1 Handvoll Pistazienkerne

### ZUBEREITUNG

Den Teig auswählen und nach Rezept zubereiten. Den Ofen vorheizen, bis er eine Temperatur von 300-350 °C erreicht.

In der Zwischenzeit den Joghurt zusammen mit dem Mascarpone in einer Schüssel cremig verrühren. Die Schokoladensplitter unterrühren. Die Masse bis zur Verwendung kaltstellen.

Etwas Semola auf der Arbeitsfläche verteilen und einen Pizzateigling darauflegen. Die Pizzaballen mit den Fingern und Handflächen zu einem runden Pizzaboden mit einem Durchmesser von ca. 26 cm ausbreiten. Den Pizzaboden bis zum Rand mit der Creme einstreichen und mit Mini-Marshmallows auf die Pizza belegen.

Den Teigfladen in den heißen Ofen schieben und für ca. 2 Minuten backen. Während der Backzeit die Pizza gut beobachten. Wenn diese zu stark in die Höhe geht, ein paar kleine Luftlöcher in den Teig piksen.

Nach dem Backen die Himbeeren waschen und auf der Pizza verteilen sowie die Pistazien hacken und darüber streuen. Optional kannst du sowohl die Himbeeren als auch die Pistazien bereits vor dem Backen auf der Pizza verteilen. Die Pizza in 8–10 Stücke schneiden und servieren.

# SCHOKO PIZZA

## *mit bunten Schokolinsen*

*1 Pizza ca. Ø 26 cm*

*5 Min. Zubereitung + 2 Min. Backzeit*

### ZUTATEN

1 Portion Pizzateig nach Wahl (200 g, siehe S. 34–47)

Semola

3–4 EL zimmerwarme Nuss-Nougat-Creme

1 EL bunte Schokolinsen (nach Belieben)

### ZUBEREITUNG

Den Teig auswählen und nach Rezept zubereiten. Den Ofen vorheizen, bis er eine Temperatur von 300–350 °C erreicht.

Die Arbeitsfläche mit etwas Semola eindecken und einen Pizzateigling darauflegen. Die Pizzakugel mit den Fingern und Handflächen zu einem runden Pizzaboden mit einem Durchmesser von ca. 26 cm ausbreiten. Mit einer Gabel kleine Luftlöcher in den Teig stechen, damit dieser im Ofen nicht zu sehr aufgeht. Da noch keine Masse auf dem flachen Teigling ist, ist dieser sehr leicht und kann nach oben hin sehr stark aufgehen.

Den Teigfladen in den heißen Ofen schieben und für ca. 2 Minuten backen. Während der Backzeit die Pizza gut beobachten. Wenn diese zu sehr in die Höhe aufgeht, nochmals ein paar kleine Löcher in den Teig stechen.

Nach dem Backen den Pizzaboden direkt mit Nuss-Nougat-Creme bis zum Rand hin einstreichen. Die bunten Linsen auf der Pizza verteilen, in 8–10 Stücke schneiden und servieren.

*Variante* *Die Nuss-Nougat-Creme kannst du natürlich durch eine andere süße Creme wie Pistaziencreme oder Weiße-Schokoladen-Creme austauschen. Bei den Toppings bist du auch sehr frei und kannst je nach Belieben Bananenscheiben, Himbeeren, Erdbeeren, Marshmallows oder ähnliches auf die Pizza legen.*

# ERDBEER PIZZA

## »O sole mio«

*1 Pizza (Ø ca. 26 cm)*

*25 Min. Zubereitung + 2 Min. Backzeit*

### ZUTATEN

1 Portion Pizzateig nach Wahl (200 g, siehe S. 34–47)

40 g Ricotta

80 g Mascarpone

1 EL Puderzucker

½ Vanilleschote

½ Bio-Zitrone

8 Erdbeeren

3–5 Minzblätter

Semola

1 Handvoll gehackte Mandeln (nach Belieben)

### ZUBEREITUNG

Den Teig auswählen und zubereiten. Den Ofen vorheizen, bis er eine Temperatur von 300–350 °C erreicht.

In der Zwischenzeit den Ricotta mit dem Mascarpone in einer Schüssel cremig verrühren. Den Puderzucker dazugeben. Die Vanilleschote auskratzen und das Mark ebenfalls zugeben. Die Zitrone auspressen und den Saft in die Schüssel geben. Alles gut vermischen. Die Masse bis zur Verwendung kaltstellen. Erdbeeren waschen, den Stielansatz entfernen und vierteln. Minzblätter waschen und trocken tupfen.

Etwas Semola auf einer Arbeitsfläche verteilen und einen Pizzateigling darauflegen. Mit den Fingern und Handflächen zu einem runden Boden mit einem Durchmesser von etwa 26 cm ausbreiten. Mit einer Gabel kleine Luftlöcher in den Teig stechen, damit dieser im Ofen nicht zu sehr aufgeht. Da noch keine Masse auf dem Teig ist, ist dieser sehr leicht und kann nach oben hin sehr stark aufgehen.

Den Teigfladen in den heißen Ofen schieben, für etwa 2 Minuten backen und dabei gut beobachten. Wenn er zu sehr in die Höhe aufgeht, nochmals ein paar kleine Löcher in den Teig stechen.

Nach dem Backen den Pizzaboden mit der Zitronen-Ricotta-Creme bis zum Rand hin einstreichen. Die Erdbeeren flächendeckend auf der Creme verteilen und mit Minzblätter verzieren. Optional können zum Schluss gehackte Mandeln über die Pizza gestreut werden. Die Pizza in 8–10 Stücke schneiden und servieren.

# HILFREICHE TIPPS & TRICKS AUF EINEN BLICK

**Am Ende des Buches angelangt, fasse ich das Wichtigste für eine selbstgemachte Pizza nochmal zusammen.**

## DIE HÄUFIGSTEN (ANFÄNGER*INNEN)FEHLER UND WIE MAN SIE VERMEIDET

01 Spezielles Pizzamehl anstatt haushaltsüblichem Mehl verwenden.

02 Kaltes anstatt (lau-)warmem Wasser verwenden.

03 Eine minimale Hefemenge anstatt ½ Würfel frische Hefe verwenden.

04 Das Salz nicht direkt mit der Hefe in Verbindung bringen, da es sonst nicht die erwünschte Funktion erfüllt.

05 Lange Garzeiten von mindestens 8 Stunden anstatt kurzer Gehzeiten von 30–60 Minuten.

06 Für Kühlschrank- oder Raumtemperaturen bei der Fermentation sorgen, anstatt den Hefeteig an warmen Orten gehen zu lassen.

07 Die Pizza mit Tomatensauce, dann mit Käse und zum Schluss mit Zutaten belegen. (Ausnahme: bei Ofentemperaturen unter 300 °C).

08 Einen speziellen Pizzaofen oder zumindest einen Backstahl bzw. -stein im Haushaltsbackofen verwenden

## WEITERE TIPPS UND EMPFEHLUNGEN FÜR DIE ERSTEN SELBSTGEMACHTEN PIZZATEIGE ZU HAUSE

01 Wähle ein einfaches Rezept aus und halte dich exakt an die Angaben.

02 Wer sich am Anfang seines Pizzaback-Hobbys befindet, sollte einfachheitshalber mit einem schwachen bis mittelstarken Mehl und einer geringen Hydration arbeiten, da die Verarbeitung des Teiges so weniger mühsam ist. Fortgeschrittene probieren mittlere bis hohe Hydration aus. Dies erfordert etwas Übung und ggf. auch eine Teigknetmaschine.

03 Für den Beginn empfehle ich dir die doppelte Menge an Teig vorzubereiten. So kannst du dich ausprobieren und falls Fehler passieren, ist noch Teig übrig.

04 Knete vorsichtig und per Hand und achte dabei auf die Teigtemperatur.

05 Hab Geduld und warte bis der Pizzateig bereit ist zur Weiterverarbeitung.

## DIE HÄUFIGSTEN FRAGEN

Folgende häufig gestellte Fragen beantworte ich auf meinem YouTube-Kanal »Waldis Pizza Kanal«. Schau gerne mal vorbei:

- Wie bekomme ich die Pizza auf den Schieber?
- Warum zieht sich meine Pizza beim Ausbreiten zusammen?
- Warum klebt mein Teig?
- Pizzateig verlaufen – was nun?
- Kann ich Pizza einfrieren?

Ich hoffe, dass ich dich mit dem Buch auf ein neues Pizza-Level gebracht habe und dir neues Wissen vermitteln konnte. Mit den Rezepten möchte ich dir zum einen eine Hilfestellung und zum anderen auch Anregungen für deine eigenen Pizzakreationen geben.

# REGISTER

# Noch mehr tolle Bücher

**Keine Zeit zum Brot backen?**

ISBN 978-3-7459-1455-9

€ 25,00 (D) / € 25,70 (A)

**Pasta la vista, Baby!**

ISBN 978-3-7459-0962-3

€ 15,00 (D) / € 15,50 (A)

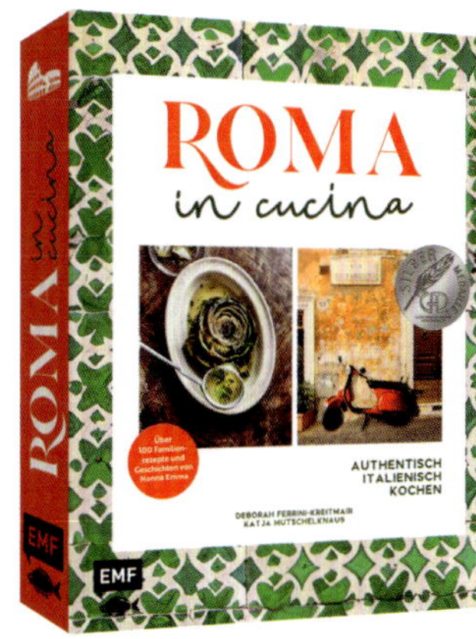


**Roma in cucina – Authentisch italienisch kochen**

ISBN 978-3-7459-1643-0

€ 36,00 (D) / € 37,10 (A)

**Je ne Raclette rien!**

ISBN 978-3-7459-2526-5

€ 15,00 (D) / € 15,50 (A)

**Yamyamfoods – Einfach asiatisch kochen**

ISBN 978-3-7459-2434-3

€ 24,00 (D) / € 24,70 (A)

**Italienisch kochen alla Mamma mit Lili Paul-Roncalli**

ISBN 978-3-7459-0666-0

€ 25,00 (D) / € 25,70 (A)

# GRAZIESCHÖN!

*Grazie mille* an den EMF Verlag – im Besonderen an Paulina Schick, Projektleiterin und Lektorin des Buches. Danke für dein Vertrauen und dass du dich so schnell für unsere Buchidee begeistert hast. Grazie mille für die großartige Anleitung, die Motivation und Ideen sowie die super Zusammenarbeit während der gesamten Zeit unseres ersten Buchprojektes. Danke für dein scharfes Auge und den Feinschliff des Pizzabuches. Grazie mille an Silvia Keller, die für das tolle Layout und die Grafik des Buches verantwortlich ist.

*Grazie mille* an Maria Panzer für die unkomplizierte Zusammenarbeit während der Fotoshootings und deine Erfahrung und Ideen, die du miteingebracht hast. Deine Fotos machen Lust auf mehr. Buon Appetito!

*Grazie mille* an Roberto, Franka und Till, Julia und Michele und Giovanni für eure Pizzarezepte, die ihr uns für das Rezeptbuch zur Verfügung gestellt habt und durch die ihr das Pizzabuch somit bereichert.

*Grazie mille* an Fabian Holz für deine Bereitschaft zu helfen, deine Zeit, die Unterstützung und das Teilen deiner Fachkenntnisse.

*Grazie mille* an Ricarda Kießling, Verena Lahner, Carina Kopperschmidt, Daria Kottek, Maximiliana Schöch und Ellen Mielinger, die von Anfang an von dem Buch begeistert waren, für das Probelesen, die guten Tipps und Ratschläge sowie die Mut- und Motivationsschübe während dieser stressigen Zeit.

*Grazie mille* an unsere Mitarbeiter*innen, Freund*innen und Familien für euer Vertrauen, Verständnis und für Abende des Testessens.

*Grazie mille* an die großartige Waldis-Pizza-Community, die seit fünf Jahren größer und größer wird, uns unterstützt, motiviert und antreibt, das Pizza-Business weiterzuentwickeln und zu verbessern. Danke für eure Ideen, die ihr mit einbringt und mit uns teilt.

*Sie sagt:* Grazie mille an meinen Freund, Sebastian, denn ohne sein Pizzawissen, den Mut zur Selbstständigkeit und seine Begeisterung, die er für seine Ideen aufbringen und die er bestens an seine Umgebung übertragen kann, würde es Waldis Pizza-Business sowie das Pizzabuch nicht geben.

*Er sagt:* Grazie mille an meine Freundin Jessica, die die Idee für dieses Buch hatte, sehr viel Zeit und Nerven hineingesteckt hat – ohne sie würde es dieses Buch nicht geben.

*Grazie mille* an alle, die uns bei der Entstehung von »Pizza – amore mio« geholfen und mitgewirkt haben. Das schätzen wir sehr!

# ÜBER DIE AUTOR*INNEN

*Jessica Kießling* studierte Tourismusmanagement und liebt die italienische Küche und Sprache. Die Begeisterung für das Pizzabacken ist nach und nach von ihrem Partner Sebastian auf sie übergesprungen und deshalb unterstützt sie ihn seit Beginn des Pizza-Business gerne bei der Vorbereitung, beim Pizzabacken, im Backoffice und vor allem auch im Online-Shop und Marketing. Nachdem sie Ende 2021 dachte, ein Pizzarezeptebuch wäre die perfekte Ergänzung zum Online-Shop und YouTube-Kanal sowie ein perfektes Geschenk für alle Pizzabegeisterten, ging es nach dem Ideen sammeln, Recherchieren und Kreieren der Rezepte auch schon mit Schreiben los.

*Sebastian »Waldi« Maletzke* ist gelernter Schreiner und hat 2017 eine Weiterbildung zum staatlich geprüften Holztechniker erfolgreich abgeschlossen. Nebenbei ist er begeisterter Hobbykoch. Die italienische Küche interessiert ihn besonders und so startete er seine ersten Pizzabackversuche mit dem Holzbackofen seiner Eltern auf deren Terrasse. Mit dem Umbau einer Piaggio Ape zu Waldis Pizza Ape und dem Teilen des erlernten Wissens für den perfekten Pizzateig auf Waldis Pizza-Kanal bei YouTube waren die Nachfrage und das Interesse groß sowie das Feedback positiv, sodass 2021 die Eröffnung von Waldis Pizza Shop folgte. Seither beziehen zahlreiche Fans Wissen, Zubehör und Zutaten für die perfekte, im eigenen Ofen gebackene Pizza über Sebastians Kanäle und holen sich das italienische Lebensgefühl nach Hause.

## ÜBER DIE FOTOGRAFIN

*Maria Panzer* findet man meistens mit einem Kochlöffel in der einen Hand und ihrer Kamera in der anderen. Als studierte Ernährungswissenschaftlerin hat sie ihre Berufung zum Beruf gemacht und arbeitet als freie Foodfotografin für namhafte Marken und Verlage.

# IMPRESSUM

Bibliografische Information der Deutschen Bibliothek.

Die Deutsche Bibliothek verzeichnet diese Publikation in der Deutschen Nationalbibliografie.

Detaillierte bibliografische Daten sind im Internet über http://www.dnb.de/ abrufbar.



Bei Fragen zur Produktsicherheit wenden Sie sich an
Edition Michael Fischer GmbH
Kistlerhofstr. 70
81379 München
kontakt@emf-verlag.de



EIN BUCH DER EDITION MICHAEL FISCHER

6. Auflage 2025



Cover, Layout & Satz: Silvia Keller

Redaktion und Lektorat: Paulina Schick

Fotografie: Maria Panzer, Offenburg

Bildnachweis: alle Fotos ©Maria Panzer,

Offenburg; außer: S. 25: Sebastian Maletzke & Jessica Kiessling, Möttingen; S. 121: ©Julia Ma, München; S. 126: ©Giovanni Aveta, Köln; S. 129: ©Roberto Susta, Neapel; S. 133: ©Till Martin, Aachen

Illustrationen: S. 121 (Logo Manopasto): ©Julia Ma & Michele Troccolo, München; S. 124 (Logo Giovanni kocht): ©Giovanni Aveta, Köln; S. 129 (Logo Sustable): ©Roberto Susta, Neapel; 153 (Logo Waldis Pizza): Sebastian Maletzke & Jessica Kiessling, Möttingen

ISBN 978-3-7459-1224-1

Gedruckt bei C&C Offset Printing Co., LTD., 14/F, C&C Building, 36 Ting Lai Road, Tai Po, N. T. Hong Kong, China

www.emf-verlag.de

amore mio